JN007596

改訂版

hana
の
韓国語単語
〈中級編〉

ミリネ韓国語教室 著

HANA

目次

例文で単語を覚え、すぐに使える力が育つ単語集!

『hanaの韓国語単語』とは?

　『hana』とは、『韓国語学習ジャーナルhana』の略称。本気で韓国語を学ぶ人たちから絶大な支持を得ている韓国語学習雑誌です。本書は、この雑誌『hana』が長年の韓国語教材制作を通じて培った経験を基に作り出しました。

　本書は、何よりも例文を通じて、音声を通じて、単語を学ぶ作りになっています。そして、学習者がいかに効率よく韓国語の語彙を学ぶかを考慮してあるだけでなく、「ハングル」能力検定試験（ハン検）にも準拠しています。

ハン検対策はもちろん、一生の学習の基礎となる単語を掲載!

　ハン検は、日本国内で韓国語を学ぶ人たちを対象に、1993年から実施されてきた検定試験です。今日、ハン検は学習者の韓国語能力を図る尺度として利用され、多くの大学で検定資格を単位として認めています。

　ハン検を主催しているハングル能力検定協会では、試験の公式ガイドである『合格トウミ』という本を出版し、級別の出題範囲を公開しています。ここに掲載された語彙や文法の級別リストはハン検を受ける上で必須であるだけでなく、学習者の韓国語能力を段階的に発展させるために大変有用なものです。

　本書は、この『合格トウミ』で提示されたハン検準2級の基準を参考に語彙を選別して、『合格トウミ』ではサポートされていない関連情報や例文と共に掲載した本です。これらは今後韓国語の学習を続けていく上で、ベースとなるものなので、早い段階からきちんと習得しておきたいものばかりといえますが、本書には単語を効果的に覚えて活用するためのさまざまな仕組みが準備されています。

　これから準2級合格を目指す人はもちろん、すでに準2級合格レベルの人も、復習を兼ねて準2級の例文を使って学習してみてください! この1冊を徹底的に使い尽くすことで、一生役立つ韓国語の力が身に付くはずです!

2022年発表の最新の出題範囲に対応!

　本書には、2022年に発行された『改訂版合格トウミ』の内容が反映されています。ハン検の準備をされる方は、ぜひこの最新の語彙リストと例文で準備を行ってください!

本書の特長

特長 1 │ ハン検準 2 級レベルの 1008 語を収録！

　本書の見出し語は、ハン検準 2 級で出題範囲に指定されているもので、日本語話者が韓国語の能力を段階的に発展させるのに、最も合理的な語彙リストといえます。本書には、ハン検準 2 級の 1008 語を掲載しました。1 日の学習量は 12 語となっており、84 日で消化できる構成になっています。

> 学習量の目安は？
> **1 日（1 課）12 語、1 週間（1 章）84 語＋活用＋復習**
> ➡ **準 2 級 1008 語を 12 週（84 日）で消化！**

特長 2 │ 単語を、例文から覚える。だからすぐに使える語彙力が身に付く！

　本書は特に、例文を通じて単語を習得することに重点を置いています。こうすることで、すぐに使える生きた単語力が身に付き、言いたいことをすぐ口に出せるようになるからです。例文は、短くて、応用度の高いものばかりです。

特長 3 │ 例文は準 2 級以下の語彙と文法で構成。検定対策もばっちり！

　例文は、ハン検準 2 級以下の出題範囲の語彙と文法で主に構成されており、さらに変則活用や発音変化が随所に含めてあります。つまり、例文を覚えることで、ハン検準 2 級レベルで求められる総合的な知識と能力をばっちり身に付けることができます。

特長 4 │ 例文にも実際の発音を表示。正しい発音を確認！

　日本で学ぶ人、中でも独学で学ぶ人は、発音が「日本語なまり」の自己流になりがちです。本書は、音声を聞きながら学ぶことを前提にしており、全ての例文の音声を準備するとともに、例文の中で表記と実際の発音が異なる箇所の一部には、発音変化の注を付けてあります。音声で該当部分を聞いて、またその部分を見ながら韓国語を読み上げることで、表記と実際の発音とのギャップ、発音変化のパターンまで感じ取れるようになるはずです。

ダウンロード音声について

本書には、パソコンやスマートフォン、携帯音楽プレーヤーなどで再生が可能なMP3形式の音声が用意されており、小社ホームページ (https://www.hanapress.com) からダウンロードできます。トップページの「ダウンロード」バナーから該当ページに移動していただくか、右記QRコードからアクセスしてください。なお、本書中に[TR001]などの形で示した音声トラックの数字と、音声ファイルの名前に付いている数字は一致します。

【注意】
MP3ファイルのスマートフォンでのご利用方法やパソコンからスマートフォンへの音声データの移動方法については、お使いの機器のマニュアルでご確認ください。

音声は1日分 (12語) の音声が一つのトラックに、下記の順に収録されています。

見出し語 (韓国語) ▶ **メイン訳 (日本語)** ▶ **例文 (韓国語)**

上記の他、各週の終わりに掲載している活用練習の音声や、例文訳 (日本語) の音声など、さまざまな内容の音声がダウンロード可能です。P.015で紹介する「瞬間韓作文」「クイックレスポンス」の練習にもご活用ください。

本書の構成 1 本文

左ページに見出し語に関連する情報を、右ページに例文に関する情報をまとめました。

---

1 ページタイトル

名詞、動詞、形容詞、副詞の品詞別に1日（1課）を構成しました。

4 意味

見出し語の意味を、メイン訳、サブ訳に分けて掲載しました。音声ではメイン訳のみ読まれています。

5 活用

見出し語が用言（動詞、形容詞）で変則活用する場合、活用の種類を活アイコンと共に示しました。「活用」ページでは以下のアイコンで表示しました。特に表示がないものは、正則（規則）活用する用言です。

하다用言 = 하用
○語幹 = ○語幹
ㄹ語幹 = ㄹ語幹
ㅂ変則 = ㅂ変

ㄷ変則 = ㄷ変
ㅅ変則 = ㅅ変
ㅎ変則 = ㅎ変
르変則 = 르変

6 その他の関連情報

見出し語が漢字語の場合はその漢字を漢アイコンと共に記しました。類義語、対義語、関連語についてはそれぞれ 類 対 関 アイコンと共に掲載しました（対義語と関連語は訳も表示）。また、よく使われる他の品詞形がある場合は、名詞は名、動詞は動、形容詞は形、副詞は副のアイコンと共に提示しました。

2 見出し語

辞書に掲載されている形で示しました。また、同じつづりの単語が複数ある場合は番号を付しました。

3 発音

見出し語のつづりと実際の発音が異なる場合、発音通りのハングルを掲載しました。

準2級_**05**日目 動詞 01 _ 対象の変化	[TR005
0049 **까다**	むく、割る
0050 **꺾다** [꺽따]	折る、(気勢などを) くじく、曲げる 圏 부러뜨리다 圏 꺾이다 折れる
0051 **베다**	切る 圏 자르다 圏 베이다 切れる
0052 **썰다**	(食べ物を) 刻む、切る 圏 ㄹ語幹 圏 자르다
0053 **찢다** [찓따]	破る、裂く 圏 찢기다 破られる
0054 **터뜨리다**	爆発させる、破裂させる、暴く 圏 터지다 爆発する、破裂する
0055 **쪼개다**	割る、裂く、分ける
0056 **부수다**	壊す、割る 圏 깨다, 부서뜨리다 圏 부서지다 壊れる
0057 **망치다**	台無しにする、滅ぼす、駄目にする
0058 **뜯다** [뜯따]	剝がす、ちぎる、(封を) 開ける、取り外す
0059 **녹이다** [노기다]	溶かす
0060 **가르다**	分ける、割る、裂く 圏 르変則 圏 쪼개다, 나누다 圏 합치다 合わせる

解説 0051 손가락을는、[손까라글]と発音 (合成語の濃音化)。베는 일이는、[베는 니리]と発音 (ㄴ挿入)。 0053 읽다니는、읽다 (読む) に 다니が付いた形。 0059 더운 여름에는、[더운 너르메는]と発音 (ㄴ挿入)。 0060 삼팔선은는、[삼팔써는]と発音 (漢字語の濃音化)。

026

010

動詞 01 ▼ むく、	DAT DAT ▼
折る、	식재료 タマネギ が出てくる
	표시 本をどこ

DATE　　年　月　日
DATE　　年　月　日

양파는 **까도 까도** 껍질이 나오는 식재료이다.	タマネギはむいてもむいても皮が出てくる食材だ。
책을 어디까지 읽었는지 귀를 **꺾어** 표시해 두었다.	本をどこまで読んだか、端を折って示しておいた。
発 文 요리를 하다가 칼에 손가락을 **베는 일이** 자주 있어요.	料理をしていて、包丁で指を切ることがよくあります。
고기를 잘 **썰어서** 국에 넣고 끓이세요.	肉をよく刻んで汁に入れて煮てください。
発 그녀는 편지를 **읽더니** 갑자기 **찢어** 버렸다.	彼女は手紙を読んでいたが、突然破いてしまった。
터널 공사를 위해서 연일 폭탄을 **터뜨리고** 있다.	トンネル工事のために連日爆弾を爆発させている。
나눠 먹기 위해 사과를 **쪼개고** 있어요.	分けて食べるためにリンゴを割っています。
화가 난다고 물건을 **부수면** 안 되죠.	腹が立つからって物を壊したらいけません。
여행을 갔다가 지갑을 도난당해서 기분을 **망쳤다**.	旅行に行って、財布を盗まれて気分が台無しになった。
선물은 받은 즉시 포장을 **뜯고** 확인하는 게 좋죠.	プレゼントを受け取ってすぐに包装を剥がして確認するのがいいでしょう。
発 더운 여름에는 얼음을 **녹여** 가면서 먹는 커피가 최고죠.	暑い夏には氷を溶かしながら飲むコーヒーでしょう。
発 삼팔선은 남과 북을 **가르는** 경계선입니다.	38度線は南と北を分ける境界線です。

1日目

7 例文

見出し語を含む、自然な韓国語の例文を提示しています。例文は、原則的にハン検準2級出題範囲の語彙で書かれています。いずれも声に出して読みやすい形を心掛けました。見出し語が하다用言の場合、見出し語を名詞や副詞の形で含む例文と用言の形で含む例文のどちらのパターンもあります。

8 例文訳

意訳している箇所には、直訳をかっこ書きで併記しました。

9 説明

例文が学習上注意すべきものを含む場合は、**発 文** アイコンを例文の頭に表示し、ページ下で補足説明を行いました。

本書の構成2 復習・付録

■ 「活用」ページ

週の最後には、その週で学んだ用言の活用を一覧で表示しました。ダウンロード音声も用意しています。以下の四つの活用形を示しました。

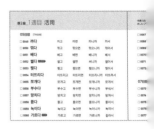

하고

語幹に直接-고が付く活用形です。この種類の活用形を作る語尾には、他に-지만、-게、-는데などがあります。ㄹ語幹にㄴで始まる語尾が付くと、ㄹが脱落します。

하면

母音語幹とㄹ語幹の場合は-면、子音語幹の場合は-으면が付く活用形です。この種類の活用形を作る語尾には、他に-면서/-으면서、-ㅁ/-음などがあります。

하니까

母音語幹とㄹ語幹の場合は-니까、子音語幹の場合は-으니까が付く活用形です。ㄹ語幹のときは、ㄹが脱落した上で-니까が付きます。この種類の活用形を作る語尾には、他に-ㄴ/-은、-ㄹ게/-을게、-시-/-으시-などがあります。

해서

語幹末の母音が陽母音の場合には-아서、陰母音の場合には-어서が付く活用形です。母音の同化や複合がよく起こります。また、変則用言の場合も注意が必要です。

■ 「チェック」ページ

各週で学んだ語彙を、「韓国語→日本語」「日本語→韓国語」の両方から復習することができます。

■ 「チャレンジ」ページ
その週で学んだ語彙を使って、簡単な韓作文を行う
ことができます。

■ 「文法項目」ページ
その週の例文で新たに使われた文法項目を確認す
ることができます。

■ 「韓国語の基礎」ページ
巻末に、「言葉遣い」と「連体形」についてまとめま
した。これまでに学んだことを復習するのにご参照
ください。

韓国語の学習法と本書の使い方

　本書は単なる単語集ではありません。ハン検準2級にレベルを合わせ工夫を凝らした例文で、適切な学習法を用いることで、インプットはもちろん、アウトプットも鍛え、総合的な能力を育てることができます。特に、日本で韓国語を勉強している人に不足しがちなのは、韓国語を口に出して話す機会です。この不足を練習という形で埋めるのが、音読をはじめとした学習法です。ここでは、このようなアウトプットの練習を中心にいくつかご紹介します。

音　読

　音読はスポーツにおける基本動作練習に例えることができます。繰り返し音読することにより、記号のようなハングルの文を、音に変換して発話する動作を体に染み込ませることができます。

　本書の例文は全て口語体の文になっており、すぐに会話で使えるものです。また、音声も充実しており、とにかく「話せるようになりたい」という人は、音読練習を用いて最短でその目標を達成することが可能です。

　音読は韓国語の見出し語や例文を何度も繰り返し、口に出して話す練習です。例えば1日分の例文を、20回、30回など、目標を定めて読みます。必ず一度に行う必要はなく、その日行った回数をメモしながらやっていくとよいでしょう。意味の分からない文で音読を行うことは避け、きちんと理解した素材を使って、正しくない音声を繰り返す間違いを避けるために、模範の音声を聞いた上で行うようにします。

　本書の見出し語、例文の発音変化が起きる場所には、発音通りのハングルが併記されています。これもチェックしながら音読を繰り返すと、滑らかに発音できるようになるだけでなく、多くの人が苦手とする発音変化も自然に身に付けることができます。

書き写し

　ノートを準備して、見出し語や例文（必要ならそれらの訳）、さらには活用を書き写します。単に脳だけでなく、体（ここでは手）を動かすことが単語の記憶を助

けます。その際、韓国語の音をつぶやきながら行うと、口も動員することになり、なおよいでしょう。

リピーティング

　見出し語、例文の音声を聞いて、例文を聞いたままに発話していきます。次の語が始まるまでに言い切れないようなら、音声プレーヤーの一時停止ボタンを活用しながら、練習を行ってください。

シャドーイング

　見出し語や例文の音声が流れたら、そのすぐ後を追うように、聞いたままに声に出して続けて発話していきます。

瞬間韓作文、クイックレスポンス

　日本語の例文訳を聞いて、すぐに韓国語を口に出す練習です。この練習には、例文訳の音声をダウンロードして利用します（☞ P.009）。音声には日本語の例文訳に続いて適度なポーズ（無音状態）がありますので、ここで例文訳に該当する韓国語の文を発話します。このような練習を繰り返すことで、韓国語の文型を丸ごと覚え、瞬間的に話せる韓国語の実力が身に付きます。同様の練習を、見出し語、見出し語訳を聞いて、その対訳を即座に答えるという形（クイックレスポンス）で行っても効果があります。この練習に使う、見出し語のみ、見出し語訳のみの音声もダウンロード可能です。

チェック欄を活用する、記録を付ける！

本書では、各見出し語、活用、チェック、索引などあらゆる所にチェックボックスが設けられています。また、本文右ページの上には日付をメモできる欄もあります。これらの欄を利用して、いつ学習したか、きちんと覚えられたかをメモすることが、学習の習慣化、目的意識化につながります。

「準 2 級」の掲載語彙と例文について

【見出し語】
『合格トウミ』の準 2 級語彙リストに掲載されているものから 1008 語を選びました。

【例文】
準 2 〜 5 級の語彙・文法を中心に構成しました。

※例文中の「発音変化」について
例文で、表記と発音に違いがある箇所の一部は、実際の発音をページ下の解説欄で示しました。対象となる発音変化は以下の通りです。

① 語尾の濃音化：用言の子音語幹と語尾の間で起きる濃音化

例) 남지 [남찌]、많습니다 [만씀니다]

② 漢字語の濃音化 1：終声ㄹの後に来るㄷㅅㅈの濃音化

例) 발달 [발딸]、솔직 [솔찍]

③ 漢字語の濃音化 2：単語の末尾に付く一部の漢字の濃音化

例) 인기 [인끼]、성격 [성껵]、가능성 [가능썽]

④ 合成語の濃音化：複数の名詞が合わさるときに起きる濃音化

例) 비빔밥 [비빔빱]、손가락 [손까락]

⑤ ㄴ挿入と、それに伴う発音変化

例) 일본 요리 [일본 뇨리]、서울역 [서울력]

準2級

1 週目

0001 **식구** □□ [식꾸]	家族、仲間　漢食口 類 가족
0002 **자녀** □□	子ども、子女　漢子女 類 자식
0003 **자제분** □□	ご子息、お子さま　漢子弟-
0004 **외아들** □□	一人息子 関 외동딸 一人娘
0005 **쌍둥이** □□	双子　漢双--
0006 **남매** □□	(男と女の) きょうだい、兄妹　漢男妹
0007 **총각** □□	未婚の青年　漢総角
0008 **유부녀** □□	人妻　漢有夫女 対 유부남 既婚男性
0009 **마누라** □□	妻
0010 **사모님** □□	奥さま　漢師母- 類 부인
0011 **학부모** □□ [학뿌모]	学生の父母　漢学父母
0012 **처가** □□	妻の実家　漢妻家

解説　0005 **성격이**は、[**성껴기**]と発音 (漢字語の濃音化)。

아기가 태어나면서 **식구**가 셋으로 늘었어요.	子どもが生まれて家族が3人に増えました。
자녀를 위한다면 같이 놀아 주는 시간을 가지세요.	子どものためを思うなら一緒に遊んでやる時間を持ちなさい。
자제분이 키가 아주 크군요.	ご子息は背がとても高いですね。
외아들이라 그런지 남을 배려하는 마음이 없네요.	一人息子だからか、他人に配慮する心遣いがありませんね。
🈁**쌍둥이**라도 자라난 환경에 따라 둘의 성격이 다르다.	双子でも育った環境によって二人の性格が異なる。
남매는 도우며 부모님이 하시던 가게를 키워 나갔다.	きょうだいは助けながら両親がしていた店を大きくしていった。
총각 시절에는 혼자 여기저기 여행도 많이 다녔었죠.	独身時代は一人であちこち旅行もたくさん行きました。
그 사람은 싱글처럼 보이지만 **유부녀**예요.	その人は独身のように見えますが人妻です。
마누라가 싸 준 도시락을 들고 힘을 내서 출근한다.	妻が作ってくれた弁当を持って元気を出して出勤する。
요즘에는 남편이 사장이 아니라도 **사모님**이라고 불린다.	最近は、夫が社長ではなくても奥さまと呼ばれる。
아이들 입시에 **학부모**들이 더 관심을 보인다.	子どもの入試に親の方がより関心を見せる。
명절에는 **처가**에 먼저 가기로 했어요.	節句には妻の実家にまず行くことにしました。

名詞 02 _ 家族・人間関係 　　[TR002]

0013 □□	**장인**	義父、しゅうと、妻の父　漢丈人
0014 □□	**장모**	義母、妻の母　漢丈母
0015 □□	**사위**	婿 対 며느리 嫁
0016 □□	**친정**	既婚女性の実家　漢親庭
0017 □□	**시댁**	夫の実家　漢媤宅
0018 □□	**시집**	嫁ぎ先、夫の家族　漢媤-
0019 □□	**며느리**	嫁 対 사위 婿
0020 □□	**장가**	妻をめとること
0021 □□	**형수**	(弟から見て) 兄の妻、兄嫁　漢兄嫂
0022 □□	**제수씨**	(兄から見て) 弟の嫁　漢弟嫂氏
0023 □□	**매부**	(男性から見て) 姉妹の夫、義兄弟　漢妹夫
0024 □□	**자형**	(弟から見て) 姉の夫、義兄　漢姉兄

解説　0014 **비싼 요리**は、[비싼 **뇨리**]と発音 (ㄴ挿入)。 0015 **삼고**は、[**삼꼬**]と発音 (語尾の濁音化)。 0016 **하고 나서**は、**하다**に-**고 나서**が付いた形。

장인어른에게 인사를 드리려고 휴가를 내고 찾아뵈었다.

義父にあいさつをしようと休暇を取って訪ねた。

発 **장모**님은 사위가 왔다고 일부러 <u>비싼</u> 요리를 시켰다.

義母は婿が来たからと、わざわざ高い料理を注文した。

発 **사위**로 <u>삼고</u> 싶을 만큼 어른들께 예의 바르게 대한다.

婿にしたくなるほど、大人たちに礼儀正しく接する。

文 아내가 부부 싸움을 <u>하고 나서</u> **친정**으로 가 버렸다.

妻が、夫婦げんかをしてから実家に帰ってしまった。

며느리와 **시댁**이 사이가 좋은 곳도 많다.

嫁と夫の実家が仲がいい所も多い。

어린 나이에 **시집**을 와서 고생이 심했지요.

幼い年で嫁に来てすごく苦労したでしょう。

우리 집 **며느리**가 될 사람은 예의 바르고 순해야 된다.

うちの嫁になる人は礼儀正しくおとなしくなければならない。

옛날에는 **장가**를 가야 어른이 된다고 생각했다.

昔は妻をめとってこそ大人になると考えた。

형은 **형수** 허락 없이 돈을 쓸 수 없다고 한다.

兄は兄嫁の許可なくお金を使えないそうだ。

동생과 **제수씨**에게 줄 선물을 골랐다.

弟と弟の奥さんにあげるプレゼントを選んだ。

매부와 함께 낚시를 가기도 한다.

姉妹の夫と一緒に釣りに行ったりもする。

일이 바쁜지 **자형**은 안 오고 누나만 집에 왔다.

仕事が忙しいのか、義兄は来ず姉だけ帰ってきた。

名詞 03 _ 家族・人間関係

0025 □□	**형부**	(妹から見て) 姉の夫 　漢 兄夫

0026 □□	**외가**	母の実家 　漢 外家

0027 □□	**청혼**	プロポーズ 　漢 請婚 動 청혼하다

0028 □□	**청첩장** [청첩짱]	招待状 　漢 請牒状

0029 □□	**잔치**	宴会、祝宴 類 파티

0030 □□	**환갑**	還暦 　漢 還甲

0031 □□	**조상**	先祖 　漢 祖上 対 후손 子孫

0032 □□	**후손**	子孫 　漢 後孫 対 조상 先祖

0033 □□	**명절**	節句、伝統的な祝祭日 　漢 名節

0034 □□	**추석**	チュソク (陰暦8月15日)、中秋節 　漢 秋夕

0035 □□	**제사**	祭祀、法事 　漢 祭祀

0036 □□	**장례** [장녜]	葬式 　漢 葬礼

解説 0030 **가족 여행**は、[**가종 녀행**]と発音 (ㄴ挿入)。 0036 **치르고 나니**は、**치르다** (執り行う) に-**고 나니**が付いた形。

형부는 언니에게 늘 다정했던 사람으로 기억된다.	義兄は姉にいつも優しい人だったと記憶している。
어머니는 한 달에 한 번은 **외가**를 다녀오신다.	母は1カ月に1回は母の実家に行かれる。
청혼을 기다리는 그녀를 위해 특별한 이벤트를 준비했다.	プロポーズを待つ彼女のために、特別なイベントを準備した。
요즘에는 **청첩장**도 이메일로 오고 간다.	最近は招待状もメールでやりとりされている。
아버지 환갑**잔치** 때 손자 손녀들까지 다 모였다.	父の還暦の宴会の時、孫まで皆集まった。
発 아버지의 **환갑**을 기념하기 위해 <u>가족 여행</u>을 떠났다.	父の還暦を記念するために家族旅行に出掛けた。
조상님 덕에 우리가 이만큼 잘살게 된 거죠.	先祖のおかげで私たちがこれほど豊かに暮らせるようになったのでしょう。
후손들이 살아갈 땅을 잘 보존합시다.	子孫が生きていく土地をちゃんと保存しましょう。
명절 때마다 온 가족이 모이기가 쉽지 않게 됐다.	節句のたびに家族全員が集まるのが簡単ではなくなった。
추석은 설날과 함께 한국을 대표하는 명절이다.	チュソク (秋夕) は旧正月と共に韓国を代表する節句です。
옛날과 달리 집에서 **제사**를 지내는 집이 줄고 있다.	昔と違い、家で祭祀を行う家が減っている。
文 어머니 **장례**를 <u>치르고 나니</u> 삶의 의욕이 없어졌다.	母の葬式を執り行って、生きる意欲がなくなった。

0037 □□	**큰일** [큰닐]	大きな行事、大きな儀式
0038 □□	**인연** [이년]	縁 漢 因縁
0039 □□	**신세**	世話、やっかい、身の上 漢 身世
0040 □□	**동아리**	サークル、同好会、クラブ
0041 □□	**젊은이** [절므니]	若者 類 청년 対 늙은이 年寄り
0042 □□	**라이벌**	ライバル 外 rival
0043 □□	**동갑**	同い年 漢 同甲
0044 □□	**웃어른** [우더른]	目上の人、一族の長老 類 윗분
0045 □□	**매너**	マナー 外 manner
0046 □□	**성명**	姓名 漢 姓名
0047 □□	**별명**	あだ名、別名 漢 別名
0048 □□	**명단**	名簿 漢 名単

解説　0040 **활동**は、[**활똥**]と発音 (漢字語の濃音化) 。　0042 **삼고**は、[**삼꼬**]と発音 (語尾の濃音化) 。

DATE 年 月 日
DATE 年 月 日

1
週目

2週目
3週目
4週目
5週目
6週目
7週目
8週目
9週目
10週目
11週目
12週目

부모님의 장례식도 **큰일**을 치르는 것 중 하나죠.

両親の葬儀も、大きな行事を執り行うことの一つでしょう。

저는 모든 **인연**을 소중하게 생각하는 편입니다.

私は全ての縁を大事に考える方です。

급할 때마다 자꾸 이렇게 **신세**만 져서 면목이 없네요.

急なことがあるたびに何度もこうして世話になってばかりで面目ないですね。

発 대학 때 **동아리** 활동이 지금도 영향을 끼치고 있다.

大学の時のサークル活動が今も影響を及ぼしている。

요즘도 노인들에게 자리를 양보하는 **젊은이**가 많다.

最近も老人に席を譲る若者が多い。

発 두 선수는 평생의 **라이벌**로 삼고 서로 노력을 했다.

二人の選手は一生のライバルと思って互いに努力をした。

여자 친구와는 **동갑**이라서 자주 다툰다.

彼女とは同い年なのでよくけんかする。

웃어른에게는 늘 바르게 인사를 하고 다녔습니다.

目上の人にはいつも正しくあいさつをしていました。

전철 안에서는 전화를 삼가는 것이 **매너**입니다.

電車の中では電話を控えるのがマナーです。

성명만 알려 주시면 관련 정보를 찾을 수 있습니다.

姓名さえ教えてくだされば関連情報を探すことができます。

할머니는 내가 어렸을 때 강아지라는 **별명**으로 불렀다.

祖母は僕が小さい頃、子犬というあだ名で呼んだ。

모임 참가자 **명단**을 보고 나도 가야겠다고 생각했다.

集まりの参加者名簿を見て、僕も行かなければと思った。

動詞 01 _ 対象の変化

[TR005]

▼

0049 **까다** □□	むく、割る

0050 **꺾다** □□ [꺽따]	折る、(気勢などを) くじく、曲げる 類 부러뜨리다　関 꺾이다 折れる

0051 **베다** □□	切る 類 자르다　関 베이다 切れる

0052 **썰다** □□	(食べ物を) 刻む、切る 活 ㄹ語幹　類 자르다

0053 **찢다** □□ [찓따]	破る、裂く 関 찢기다 破られる

0054 **터뜨리다** □□	爆発させる、破裂させる、暴く 関 터지다 爆発する、破裂する

0055 **쪼개다** □□	割る、裂く、分ける

0056 **부수다** □□	壊す、割る 類 깨다, 부서뜨리다　関 부서지다 壊れる

0057 **망치다** □□	台無しにする、滅ぼす、駄目にする

0058 **뜯다** □□ [뜯따]	剥がす、ちぎる、(封を) 開ける、取り外す

0059 **녹이다** □□ [노기다]	溶かす

0060 **가르다** □□	分ける、割る、裂く 活 르変則　類 쪼개다, 나누다　対 합치다 合わせる

解説　0051 **손가락을**は、[손까라글]と発音 (合成語の濃音化)。**베는 일이**は、[베는 니리]と発音 (ㄴ挿入)。　0053 **읽더니**は、**읽다** (読む) に-**더니**が付いた形。　0059 **더운 여름에는**は、[더운 녀르메는]と発音 (ㄴ挿入)。　0060 **삼팔선은**は、[삼팔써는]と発音 (漢字語の濃音化)。

1
週
目

양파는 **까도 까도** 껍질이 나오는 식재료이다.

タマネギはむいてもむいても皮が出てくる食材だ。

책을 어디까지 읽었는지 귀를 **꺾어** 표시해 두었다.

本をどこまで読んだか、端を折って示しておいた。

発 요리를 하다가 칼에 손가락을 <u>베는</u> 일이 자주 있어요.

料理をしていて、包丁で指を切ることがよくあります。

고기를 잘 **썰어서** 국에 넣고 끓이세요.

肉をよく刻んで汁に入れて煮てください。

文 그녀는 편지를 <u>읽더니</u> 갑자기 **찢어** 버렸다.

彼女は手紙を読んでいたが、突然破いてしまった。

터널 공사를 위해서 연일 폭탄을 **터뜨리고** 있다.

トンネル工事のために連日爆弾を爆発させている。

나눠 먹기 위해 사과를 **쪼개고** 있어요.

分けて食べるためにリンゴを割っています。

화가 난다고 물건을 **부수면** 안 되죠.

腹が立つからって物を壊したらいけません。

여행을 갔다가 지갑을 도난당해서 기분을 **망쳤다**.

旅行に行って、財布を盗まれて気分が台無しになった。

선물은 받은 즉시 포장을 **뜯고** 확인하는 게 좋죠.

プレゼントを受け取ってすぐに包装を剝がして確認するのがいいでしょう。

発 더운 여름에는 <u>얼음을</u> **녹여** 가면서 먹는 커피가 최고죠.

暑い夏には氷を溶かしながら飲むコーヒーが最高でしょう。

発 <u>삼팔선은</u> 남과 북을 **가르는** 경계선입니다.

38度線は南と北を分ける境界線です。

動詞 02 _ 対象の変化

0061 ☐☐	**새기다**	刻む、彫る 園 조각하다 彫刻する
0062 ☐☐	**삶다** [삼따]	ゆでる、煮洗いする
0063 ☐☐	**데우다**	温める、沸かす
0064 ☐☐	**식히다** [시키다]	冷ます 園 식다 冷める
0065 ☐☐	**담그다**	浸す、漬ける 活 ㅇ語幹
0066 ☐☐	**얼리다**	凍らせる 園 얼다 凍る
0067 ☐☐	**젓다** [전따]	かき混ぜる、こぐ、(首を) 振る 活 ㅅ変則
0068 ☐☐	**말리다**	乾かす 対 적시다 濡らす　園 마르다 乾く
0069 ☐☐	**익히다** [이키다]	十分に火を通す、(キムチを) 漬ける 園 익다 火が通る
0070 ☐☐	**튀기다**	揚げる
0071 ☐☐	**씹다** [씹따]	かむ
0072 ☐☐	**삼키다**	飲み込む

解説　0062 8분 동안은、[팔분 똥안]と発音 (合成語の濃音化) 。　0063 **비빔밥을**は、[비빔빠블]と発音 (合成語の濃音化) 。

아버지가 가르쳐 주신 말씀을 늘 마음에 **새기고** 있습니다.

父が教えてくださったお言葉を常に心に刻んでいます。

圏 끓는 물에 8분 동안 달걀을 **삶으면** 적당히 익는다.

沸いたお湯で8分間卵をゆですればちょうどよくゆで上がる。

圏 아내가 만들어 놓은 비빔밥을 **데워서** 점심을 해결했다.

妻が作っておいたビビンバを温めて昼食を解決した。

죽이 뜨거우니 **식혀서** 천천히 드세요.

おかゆが熱いので冷ましてゆっくり召し上がってください。

김치용 배추는 소금물에 한참 **담가** 놓아야 합니다.

キムチ用の白菜は塩水にしばらく浸しておかなければいけません。

미리 **얼려** 둔 얼음이 있으니 냉면에 넣어서 먹읍시다.

あらかじめ凍らせておいた氷があるので、冷麺に入れて食べましょう。

얼음물에 탄산이 잘 섞이도록 골고루 **저어** 주세요.

氷水に炭酸がよく混ざるように均等にかき混ぜてください。

날씨가 좋아서 빨래를 밖에서 **말리고** 있어.

天気が良くて洗濯物を外で乾かしている。

돼지고기는 꼭 **익혀서** 드세요.

豚肉は必ず火を通して召し上がってください。

생선은 **튀겨서** 먹으면 맛있어요.

魚を揚げて食べるとおいしいです。

껌을 **씹다가** 아무데나 버리면 안 됩니다.

ガムをかんで適当な所に捨ててはいけません。

엄청나게 큰 파도가 일어서 집을 **삼켜** 버렸다.

とんでもなく大きな波が起きて家を飲み込んでしまった。

0073 □□	**그립다** [그립따]	恋しい、懐かしい 活 ㅂ変則
0074 □□	**든든하다** [든뜬하다]	心強い、しっかりしている、丈夫だ 活 하다用言 対 허전하다 物足りない、頼りない
0075 □□	**상쾌하다**	爽快だ、爽やかだ 漢 爽快-- 活 하다用言
0076 □□	**의아하다**	いぶかしい、疑わしい 漢 疑訝-- 活 하다用言
0077 □□	**간절하다** [간저라다]	切実だ 漢 懇切-- 活 하다用言
0078 □□	**우습다** [우습따]	おかしい、こっけいだ 活 ㅂ変則
0079 □□	**쑥스럽다** [쑥쓰럽따]	照れくさい、きまりが悪い 活 ㅂ変則
0080 □□	**창피하다**	恥ずかしい、見苦しい、みっともない 漢 猖披-- 活 하다用言 類 부끄럽다
0081 □□	**어이없다** [어이업따]	ばかばかしい
0082 □□	**곤란하다** [골라나다]	困っている 漢 困難-- 活 하다用言
0083 □□	**난처하다**	困っている、まずい、苦しい 漢 難処-- 活 하다用言
0084 □□	**힘겹다** [힘겹따]	苦しい、力に余る、苦労する、難しい 活 ㅂ変則 対 쉽다 たやすい

解説 0084 **실패하고 나서는、실패하다**(失敗する)に-**고 나서**が付いた形。

나이가 드니 젊었던 시절이 **그립네요**.

年を取ると若かった頃が恋しいですね。

외국어 잘하는 친구가 있으니 **든든해**.

外国語が上手な友達がいるから心強い。

목욕을 하고 나오니 정말 **상쾌하네**.

入浴して出てきたら本当に爽快だ。

친구는 선물을 받고 **의아한** 표정을 지었다.

友達はプレゼントをもらっていぶかしい表情を浮かべた。

간절한 마음으로 매일 기도를 했다.

切実な気持ちで毎日お祈りをした。

모자를 쓴 모습이 너무 **우습게** 느껴져서 벗었다.

帽子をかぶった姿がとてもおかしく感じられて脱いだ。

저 같은 사람이 상을 받으니 **쑥스럽네요**.

私のような者が賞をもらうなんて、照れくさいですね。

사람들 앞에 나가서 발표하는 게 **창피해요**.

人前に出て発表するのが恥ずかしいです。

그 사람 말이 너무 **어이없어서** 화가 나요.

彼の話があまりにもばかばかしくて腹が立ちます。

이렇게 갑자기 부탁하시면 저도 **곤란해요**.

こんなに急に頼まれたら私も困ります。

돈 문제로 친구는 **난처한** 표정을 지었다.

お金の問題で、友達は困った表情を浮かべた。

文 아버지가 사업에 <u>실패하고 나서</u> **힘겨운** 생활이 계속됐다.

父さんが事業に失敗してから苦しい生活が続いた。

05日目 [TR008]

□ 0049	까다	까고	까면	까니까	까서
□ 0050	꺾다	꺾고	꺾으면	꺾으니까	꺾어서
□ 0051	베다	베고	베면	베니까	베서
□ 0052	썰다 ㄹ語幹	썰고	썰면	써니까	썰어서
□ 0053	찢다	찢고	찢으면	찢으니까	찢어서
□ 0054	터뜨리다	터뜨리고	터뜨리면	터뜨리니까	터뜨려서
□ 0055	쪼개다	쪼개고	쪼개면	쪼개니까	쪼개서
□ 0056	부수다	부수고	부수면	부수니까	부숴서
□ 0057	망치다	망치고	망치면	망치니까	망쳐서
□ 0058	뜯다	뜯고	뜯으면	뜯으니까	뜯어서
□ 0059	녹이다	녹이고	녹이면	녹이니까	녹여서
□ 0060	가르다 르変	가르고	가르면	가르니까	갈라서

06日目 [TR009]

□ 0061	새기다	새기고	새기면	새기니까	새겨서
□ 0062	삶다	삶고	삶으면	삶으니까	삶아서
□ 0063	데우다	데우고	데우면	데우니까	데워서
□ 0064	식히다	식히고	식히면	식히니까	식혀서
□ 0065	담그다 으語幹	담그고	담그면	담그니까	담가서
□ 0066	얼리다	얼리고	얼리면	얼리니까	얼려서

用言の四つの活用形を掲載しました。活用が正則でない場合は、基本形の横に変則活用の種類をアイコンで示しました（アイコンの見方はP.010参照）。

□ 0067	**젓다** 人変	젓고	저으면	저으니까	저어서
□ 0068	**말리다**	말리고	말리면	말리니까	말려서
□ 0069	**익히다**	익히고	익히면	익히니까	익혀서
□ 0070	**튀기다**	튀기고	튀기면	튀기니까	튀겨서
□ 0071	**씹다**	씹고	씹으면	씹으니까	씹어서
□ 0072	**삼키다**	삼키고	삼키면	삼키니까	삼켜서

07日目 [TR010]

□ 0073	**그립다** ㅂ変	그립고	그리우면	그리우니까	그리워서
□ 0074	**든든하다** 하用	든든하고	든든하면	든든하니까	든든해서
□ 0075	**상쾌하다** 하用	상쾌하고	상쾌하면	상쾌하니까	상쾌해서
□ 0076	**의아하다** 하用	의아하고	의아하면	의아하니까	의아해서
□ 0077	**간절하다** 하用	간절하고	간절하면	간절하니까	간절해서
□ 0078	**우습다** ㅂ変	우습고	우스우면	우스우니까	우스워서
□ 0079	**쑥스럽다** ㅂ変	쑥스럽고	쑥스러우면	쑥스러우니까	쑥스러워서
□ 0080	**창피하다** 하用	창피하고	창피하면	창피하니까	창피해서
□ 0081	**어이없다**	어이없고	어이없으면	어이없으니까	어이없어서
□ 0082	**곤란하다** 하用	곤란하고	곤란하면	곤란하니까	곤란해서
□ 0083	**난처하다** 하用	난처하고	난처하면	난처하니까	난처해서
□ 0084	**힘겹다** ㅂ変	힘겹고	힘겨우면	힘겨우니까	힘겨워서

1週目
2週目
3週目
4週目
5週目
6週目
7週目
8週目
9週目
10週目
11週目
12週目

□ 0001 **식구**

□ 0002 **자녀**

□ 0003 **자제분**

□ 0004 **외아들**

□ 0005 **쌍둥이**

□ 0006 **남매**

□ 0007 **총각**

□ 0008 **유부녀**

□ 0009 **마누라**

□ 0010 **사모님**

□ 0011 **학부모**

□ 0012 **처가**

□ 0013 **장인**

□ 0014 **장모**

□ 0015 **사위**

□ 0016 **친정**

□ 0017 **시댁**

□ 0018 **시집**

□ 0019 **며느리**

□ 0020 **장가**

□ 0021 **형수**

□ 0022 **제수씨**

□ 0023 **매부**

□ 0024 **자형**

□ 0025 **형부**

□ 0026 **외가**

□ 0027 **청혼**

□ 0028 **청첩장**

□ 0029 **잔치**

□ 0030 **환갑**

□ 0031 **조상**

□ 0032 **후손**

□ 0033 **명절**

□ 0034 **추석**

□ 0035 **제사**

□ 0036 **장례**

□ 0037 **큰일**

□ 0038 **인연**

□ 0039 **신세**

□ 0040 **동아리**

□ 0041 **젊은이**

□ 0042 **라이벌**

次の韓国語の訳を書いてみましょう。分からなかった単語は、前に戻ってもう一度覚えましょう。

□ 0043 동갑

□ 0044 웃어른

□ 0045 매너

□ 0046 성명

□ 0047 별명

□ 0048 명단

□ 0049 까다

□ 0050 꺾다

□ 0051 베다

□ 0052 썰다

□ 0053 찢다

□ 0054 터뜨리다

□ 0055 쪼개다

□ 0056 부수다

□ 0057 망치다

□ 0058 뜯다

□ 0059 녹이다

□ 0060 가르다

□ 0061 새기다

□ 0062 삶다

□ 0063 데우다

□ 0064 식히다

□ 0065 담그다

□ 0066 얼리다

□ 0067 젓다

□ 0068 말리다

□ 0069 익히다

□ 0070 튀기다

□ 0071 씹다

□ 0072 삼키다

□ 0073 그립다

□ 0074 든든하다

□ 0075 상쾌하다

□ 0076 의아하다

□ 0077 간절하다

□ 0078 우습다

□ 0079 쑥스럽다

□ 0080 창피하다

□ 0081 어이없다

□ 0082 곤란하다

□ 0083 난처하다

□ 0084 힘겹다

1週目
2週目
3週目
4週目
5週目
6週目
7週目
8週目
9週目
10週目
11週目
12週目

□ 0001 家族

□ 0002 子ども

□ 0003 ご子息

□ 0004 一人息子

□ 0005 双子

□ 0006 （男と女の）きょうだい

□ 0007 未婚の青年

□ 0008 人妻

□ 0009 妻

□ 0010 奥さま

□ 0011 学生の父母

□ 0012 妻の実家

□ 0013 義父

□ 0014 義母

□ 0015 婿

□ 0016 既婚女性の実家

□ 0017 夫の実家

□ 0018 嫁ぎ先

□ 0019 嫁

□ 0020 妻をめとること

□ 0021 （弟から）兄の妻

□ 0022 （兄から）弟の嫁

□ 0023 （男性から）姉妹の夫

□ 0024 （弟から）姉の夫

□ 0025 （妹から）姉の夫

□ 0026 母の実家

□ 0027 プロポーズ

□ 0028 招待状

□ 0029 宴会

□ 0030 還暦

□ 0031 先祖

□ 0032 子孫

□ 0033 節句

□ 0034 チュソク

□ 0035 祭祀

□ 0036 葬式

□ 0037 大きな行事

□ 0038 縁

□ 0039 世話

□ 0040 サークル

□ 0041 若者

□ 0042 ライバル

次の日本語に該当する単語を書いてみましょう。分からなかった単語は、前に戻ってもう一度覚えましょう。

□ 0043 同い年

□ 0044 目上の人

□ 0045 マナー

□ 0046 姓名

□ 0047 あだ名

□ 0048 名簿

□ 0049 むく

□ 0050 折る

□ 0051 切る

□ 0052 （食べ物を）刻む

□ 0053 破る

□ 0054 爆発させる

□ 0055 割る

□ 0056 壊す

□ 0057 台無しにする

□ 0058 剥がす

□ 0059 溶かす

□ 0060 分ける

□ 0061 刻む

□ 0062 ゆでる

□ 0063 温める

□ 0064 冷ます

□ 0065 浸す

□ 0066 凍らせる

□ 0067 かき混ぜる

□ 0068 乾かす

□ 0069 十分に火を通す

□ 0070 揚げる

□ 0071 かむ

□ 0072 飲み込む

□ 0073 恋しい

□ 0074 心強い

□ 0075 爽快だ

□ 0076 いぶかしい

□ 0077 切実だ

□ 0078 おかしい

□ 0079 照れくさい

□ 0080 恥ずかしい

□ 0081 ばかばかしい

□ 0082 困っている

□ 0083 困っている

□ 0084 苦しい

01　宴会は何時に始める予定ですか？

02　姉の夫は、私の夫よりも社交的です。

03　小学生の頃のあだ名は何だった？

04　この学校には有名な双子がいるんですよ。

05　奥さま、かばんをお持ちします。

06　先祖代々この仕事をしてきました。

07　先生のお名前が名簿から抜けています。

08　きゅうりを薄く刻んでください。

09　今働いている会社には、私と同い年の人がいません。

10　風船に空気を入れていたら破裂させてしまった。

11 招待状を送りたいので、住所を教えてください。

12 大切なものだから壊してはいけません。

13 地下鉄の駅の周辺に若者が集まっていました。

14 塩を入れたら、よくかき混ぜて溶かしてください。

15 お弁当を温めてもらえますか？

16 昔住んでいた町が懐かしいです。

17 犬が鍵を飲み込んでしまいました。

18 ミスをして企画を台無しにしてしまいました。

19 何が運命を分けたのでしょうか？

20 この食材はゆでるよりも揚げる方がいいですよ。

» 解答は P.305

» 語尾・表現

-고 나서	〜してから、〜した後で	0016 / 0084
-고 나니	〜して、〜し終わると	0036
-더니	〜していたら、〜していると思ったら	0053

準2級

2 週目

0085 □□	**재주**	才能、才知、手際、技
0086 □□	**멋** [먿]	粋、しゃれ、味
0087 □□	**지혜** [지혜]	知恵　圜 智慧
0088 □□	**철**	物心
0089 □□	**덕**	おかげ、恩恵　圜 徳
0090 □□	**혜택** [혜택]	恩恵、恵み、特典　圜 恵沢
0091 □□	**삶** [삼]	人生、命 圍 인생　团 죽음 死
0092 □□	**열정** [열쩡]	熱意　圜 熱情
0093 □□	**기운**	元気、気力 圍 힘
0094 □□	**정성**	誠意、真心　圜 精誠
0095 □□	**보람**	かい、やりがい
0096 □□	**즐거움**	楽しみ、楽しさ 团 괴로움 苦しみ

解説　0089 **잘했다기보다는**、**잘하다** (うまくやる) に-**었다고 하기**の縮約形-**었다기**、〜**보다**が付いた形。　0092 **열정**は、[**열쩡**]と発音 (漢字語の濃音化)。　0093 **잤더니**は、**자다** (寝る) に-**았더니**が付いた形。

글 잘 쓰는 **재주**가 있는 사람이 저는 제일 부럽습니다.	字を上手に書く才能がある人が、私は一番うらやましいです。
빈티지는 낡은 물건이지만 그런 **멋**으로 사는 거죠.	ビンテージは古びた物ですが、そういうのを粋と考えて買うんですよ。
사람들은 그 노인의 **지혜**를 듣기 위해서 모였다.	人々はその老人の知恵を聞くために集まった。
아버지는 내가 **철** 들기 전에 돌아가셨다.	父は私が物心つく前に亡くなった。
文 이번 성공은 제가 잘했다기보다 여러분의 **덕**입니다.	今回の成功は私がうまくやったというより皆さんのおかげです。
아버지가 공무원이라서 받을 수 있는 **혜택**이 많아요.	父が公務員なので受けられる恩恵が多いです。
어떤 **삶**이 가치가 있는지는 사람마다 다르겠지요.	どんな人生が価値があるかは人によって違うでしょう。
発 **열정**은 충분히 이해합니다만 실력이 뒷받침되어야겠죠.	熱意は十分に理解しますが、実力が証明されなければいけないでしょう。
文 며칠 감기로 고생하다가 푹 잤더니 **기운**을 차렸어요.	数日風邪で苦労していたけど、ぐっすり寝たら元気を取り戻しました。
정성을 다해서 준비한 선물이니 받아 주시기 바랍니다.	誠意を尽くして準備したプレゼントなので、受け取ってください。
학생들의 실력이 늘면 가르치는 **보람**을 느낍니다.	学生たちの実力が伸びると教えがいを感じます。
퇴근하고 아이들하고 놀아 주는 것이 유일한 **즐거움**입니다.	仕事から帰って子どもたちと遊んでやるのが唯一の楽しみです。

名詞 06 _ 気持ち・精神

0097 □□	**유머**	ユーモア 外 humor
0098 □□	**마음씨**	心遣い
0099 □□	**미소**	ほほ笑み、微笑 漢 微笑
0100 □□	**속마음** [송마음]	本心、内心
0101 □□	**욕심** [욕씸]	欲 漢 欲心 類 욕구
0102 □□	**핑계** [핑게]	言い訳、口実
0103 □□	**꾸중**	小言
0104 □□	**욕**	悪口、恥辱、ののしり 漢 辱
0105 □□	**싫증** [실쯩]	嫌気 漢 -症
0106 □□	**짜증**	かんしゃく、嫌気
0107 □□	**겁**	恐れ、怖さ 漢 怯 類 무서움 対 용기 勇気
0108 □□	**트집**	難癖、けちをつけること、言い掛かり、ひび

解説 0097 **인기**は、[**인끼**]と発音 (漢字語の濃音化)。 0103 **들었더니**は、**듣다** (聞く) に-**었더니**が付いた形。 0105 **장난감을**は、[**장난까믈**]と発音 (合成語の濃音化)。**싫증**は、[**실쯩**]と発音 (漢字語の濃音化)。

発 **유머** 감각이 좋은 남자가 여자들에게 <u>인기</u>가 있지.	ユーモアのセンスがいい男性が女性に人気があるだろ。
사람과 사귈 때는 먼저 **마음씨**가 고운지 봅니다.	人と付き合う時はまず心遣いがきれいか見ます。
그 백화점의 직원들은 언제나 **미소**를 짓고 있다.	そのデパートの職員はいつもほほ笑みを浮かべている。
말을 하지 않는데 **속마음**을 알 방법이 없지요.	言わないのに本心を知る方法はないでしょう。
너무 **욕심**을 가지면 오히려 일이 잘못될 수도 있습니다.	欲を持ちすぎるとかえっておかしなことになることもあります。
시간이 없어서 공부를 못했다는 건 다 **핑계**에 불과하죠.	時間がなくて勉強できなかったというのは言い訳にすぎないでしょう。
文 어머니한테 **꾸중**을 <u>들었더니</u> 더 공부하기 싫어졌다.	母さんから小言を言われて、勉強するのがもっと嫌になった。
정말 한바탕 **욕**이라도 해 주고 싶은 걸 참았다.	本当にひとしきり悪口でも言ってやりたいのを我慢した。
発 딸은 <u>장난감</u>을 사 줘도 금방 **싫증**을 낸다.	娘はおもちゃを買ってあげてもすぐに飽きる。
그렇게 **짜증**만 내지 말고 좀 도와주기라도 해 봐.	そうやってかんしゃくを起こしてばかりいないで、ちょっと手伝いでもしなよ。
어렵다고 너무 **겁**을 먹지 말고 천천히 따라 해 보세요.	難しいといってあまり怖がらず、ゆっくり後についてやってみてください。
일 잘하는 사람에게 웬 **트집**이에요?	仕事のできる人になんで難癖をつけるんですか?

045

0109 □□	**시일**	期日、日時　[漢] 時日
0110 □□	**양력** [양녁]	陽暦、新暦　[漢] 陽暦 [関] 음력 陰暦
0111 □□	**설**	正月
0112 □□	**공휴일**	公休日、定休日　[漢] 公休日
0113 □□	**대낮** [대낟]	真昼、真っ昼間
0114 □□	**한낮** [한낟]	真昼
0115 □□	**한밤중** [한밤쭝]	真夜中　[漢] --中
0116 □□	**닷새** [닫쌔]	五日、五日間 [類] 오일
0117 □□	**열흘** [여를]	十日、十日間 [類] 십일
0118 □□	**보름**	半月、15日間
0119 □□	**당분간**	当分の間　[漢] 当分間
0120 □□	**한창**	真っ盛り、絶頂、真っ最中

解説　0109 **남지**は、[남찌]と発音 (語尾の濃音化)。　0113 **대낮인데도**は、**대낮**に〜**이다**、-**ㄴ데도**が付いた形。　0115 **한밤중**は、[한밤쭝]と発音 (合成語の濃音化)。　0116 **닷새 동안**は、[닫쌔 똥안]と発音 (合成語の濃音化)。　0118 **지나서야**は、**지나다** (過ぎる) に -**아서야**が付いた形。

発 마감까지 **시일**이 얼마 <u>남지</u> 않아서 서둘러야 합니다.	締め切りまで期日があまり残ってないので急がなければいけません。
설을 일본에서는 **양력**에 한국에서는 음력에 지냅니다.	正月を、日本では陽暦で、韓国では陰暦で過ごします。
설이 되면서 갑자기 눈이 내렸다.	正月になって急に雪が降った。
공휴일이라서 그런지 공원에 쉬러 나온 사람들이 많았다.	公休日だからか、公園に休みに出てきた人が多かった。
文 겨울이라 그런지 **대낮**인데도 어둡다.	冬だからか真昼なのに暗い。
이상 기후 때문인지 **한낮** 기온이 39도까지 올랐다.	異常気象のせいか、真昼の気温が39度まで上がった。
発 술을 마셔서 그런지 **한밤중**에 목이 말라 잠에서 깼다.	酒を飲んだせいか、真夜中に喉が渇いて起きた。
発 **닷새** 동안 계속 비가 와서 빨래를 할 수가 없었다.	5日間雨が降り続いて洗濯できなかった。
그 사람은 일을 끝내고 **열흘**간의 해외여행을 떠났습니다.	その人は仕事を終えて10日間の海外旅行に出発しました。
文 수술한 지 **보름**이 <u>지나서야</u> 겨우 기운을 차렸다.	手術して半月がたってからやっと元気になった。
당분간 외출하지 않고 집에서 작업에 집중할 생각입니다.	当分の間、外出せず家で作業に集中するつもりです。
3월이나 4월은 이사가 **한창**이라 집 구하기가 어렵다.	3月や4月は引っ越しが真っ盛りなので家探しが難しい。

0121 □□	**가하다**	加える 漢加-- 活 하다用言 類 더하다
0122 □□	**덧붙이다** [덛뿌치다]	付け加える、重ねて付ける
0123 □□	**넓히다** [널피다]	広げる 類 확장하다 対 좁히다 縮める 関 넓다 広い
0124 □□	**좁히다** [조피다]	縮める、挟める 対 넓히다 広げる 関 좁다 狭い
0125 □□	**늘리다**	増やす、伸ばす 対 줄이다 減らす 関 늘다 増える
0126 □□	**합하다** [하파다]	合わせる、一つになる 漢合-- 活 하다用言
0127 □□	**깔다**	敷く、平らに広げる、目を伏せる 活 ㄹ語幹 関 깔리다 敷かれる
0128 □□	**낮추다** [낟추다]	低くする、下げる 対 올리다 上げる 関 낮다 低い
0129 □□	**벌이다** [버리다]	(事業を) 始める、(宴会などを) 開く
0130 □□	**얹다** [언따]	載せる、(他の物の上に) 置く 類 싣다 対 내리다 降ろす 関 얹히다 載せられる
0131 □□	**올려놓다** [올려노타]	上に置く、載せる 対 내려놓다 下に置く
0132 □□	**되살리다**	よみがえらせる、生き返らせる

解説　0132 **되살리는** 일은는, [**되살리는** 니른]と発音 (ㄴ挿入)。 **될** 일입니다는, [**될** 리림니다]と発音 (ㄴ挿入)。

048

이 시계는 힘을 **가하면** 고장이 나기 쉬우니 조심해.	この時計は力を加えると故障しやすいから気を付けて。
마지막으로 **덧붙이고** 싶은 말이 있으니 들어 주십시오.	最後に付け加えたい言葉があるので聞いてください。
자동차 통행이 많아 도로를 **넓히는** 작업 중입니다.	自動車の通行が多く、道路を広げる作業中です。
신제품 개발로 경쟁사와의 차이를 상당히 **좁혔습니다.**	新製品開発でライバル社との差を相当縮めました。
직원을 **늘리는** 것이 회사에 좋은 것만은 아닙니다.	社員を増やすことが会社にとっていいことばかりではありません。
우리 실력을 **합하면** 누구도 쉽게 이기지 못할 거야.	私たちの実力を合わせれば誰も簡単には勝てないはずだ。
야외로 놀러 가서 바닥에 신문지를 **깔고** 앉았다.	野外に遊びに行って地面に新聞紙を敷いて座った。
아이와 이야기하기 위해 자세를 **낮췄습니다.**	子どもと話すために姿勢を低くしました。
올해는 새로운 사업을 **벌여야** 성장할 수 있습니다.	今年は新しい事業を始めないと成長できません。
밥에 계란 프라이를 **얹어서** 간장을 뿌려 먹으면 맛있어요.	ご飯に目玉焼きをのせてしょうゆをかけて食べるとおいしいです。
점심 식사는 식탁에 **올려놓을** 테니 이따가 드세요.	昼食は食卓に置いておくので、後で召し上がってください。
발 옛 전통을 **되살리는** 일은 반드시 해야 될 일입니다.	昔の伝統をよみがえらせることは必ずしなければいけないことです。

0133	**접다** □□ [접따]	折る、畳む、(考えや主張を) ひっ込める 対 펴다 広げる　関 접히다 折り畳まれる
0134	**쓸다** □□	掃く、さする 活 ㄹ語幹　類 청소하다
0135	**떨어뜨리다** □□ [떠러뜨리다]	落とす
0136	**앉히다** □□ [안치다]	座らせる 関 앉다 座る
0137	**먹이다** □□ [머기다]	食べさせる 関 먹다 食べる
0138	**재우다** □□	寝かせる、泊める 対 깨우다 起こす　関 자다 寝る
0139	**벗기다** □□ [벋끼다]	脱がせる、外す 対 입히다 着せる　関 벗다 脱ぐ
0140	**입히다** □□ [이피다]	着せる、被害を与える、上塗りする、被せる 対 벗기다 脱がせる　関 입다 着る
0141	**웃기다** □□ [욷끼다]	笑わせる 対 울리다 泣かせる　関 웃다 笑う
0142	**씌우다** □□ [씨우다]	かぶせる 関 쓰다 かぶる
0143	**깨우다** □□	起こす、覚ます 対 재우다 寝かせる　関 깨다 覚める
0144	**뒤집다** □□ [뒤집따]	覆す、裏返す、騒然とさせる

解説　0138 **재우는 일이**は、[**재우는 니리**]と発音 (ㄴ挿入)。　0144 **뒤집는 연구**は、[**뒤짐는 년구**]と発音 (ㄴ挿入)。

설문지를 다 쓴 사람은 **접어서** 내 주시기 바랍니다.

アンケート用紙を全部書いた人は折って出すようお願いします。

집 앞에 떨어진 낙엽을 **쓸다** 보니 하루가 끝났다.

家の前に散った落ち葉を掃いていたら一日が終わった。

전철 안에서 물건을 **떨어뜨렸으나** 주울 수가 없었다.

電車の中で物を落としたが、拾うことができなかった。

아이를 의자에 **앉히고** 밥을 먹이는데 힘드네요.

子どもを椅子に座らせてご飯を食べさせるのは大変ですね。

고양이에게 밥을 **먹일** 시간이라서 집에 가야 해요.

猫にご飯を食べさせる時間なので家に帰らなければいけません。

애를 키우는 가운데 아이를 **재우는** 일이 제일 힘듭니다.

子どもを育てる中で、子どもを寝かせることが一番大変です。

더러워진 아이의 옷을 **벗기고** 목욕을 시켜 주세요.

汚れた子の服を脱がせて入浴させてください。

발표회라 아이에게 예쁜 옷을 **입히고** 구두를 신겼다.

発表会なので子どもにきれいな服を着せて靴を履かせた。

개그맨들은 늘 사람들을 **웃겨야만** 하니까 힘들 거야.

芸人はいつも人を笑わせなければいけないから大変だろう。

비가 오니까 아이에게 모자라도 **씌우고** 데려가세요.

雨が降っているので、子どもに帽子でもかぶせて連れていってください。

어머니는 늘 아침 6시면 나를 **깨워** 주신다.

母はいつも朝6時になると私を起こしてくださる。

지금까지의 보도 결과를 <u>뒤집는</u> 연구가 이어졌습니다.

今までの報道結果を覆す研究が続きました。

0145 ☐☐	**딱하다** [따카다]	気の毒だ、痛々しい 活 하다用言
0146 ☐☐	**안타깝다** [안타깝따]	気の毒だ、ふびんだ、もどかしい、切ない 活 ㅂ変則
0147 ☐☐	**지긋지긋하다** [지귿찌그타다]	うんざりしている、ぞっとする、こりごりだ 活 하다用言
0148 ☐☐	**두렵다** [두렵따]	怖い 活 ㅂ変則
0149 ☐☐	**한심하다** [한시마다]	情けない、嘆かわしい　漢 寒心-- 活 하다用言
0150 ☐☐	**억울하다** [어구라다]	悔しい、やりきれない　漢 抑鬱-- 活 하다用言
0151 ☐☐	**분하다** [부나다]	悔しい　漢 憤-- 活 하다用言
0152 ☐☐	**귀찮다** [귀찬타]	面倒だ
0153 ☐☐	**번거롭다** [번거롭따]	煩わしい、面倒だ 活 ㅂ変則　類 복잡하다
0154 ☐☐	**심심하다** [심시마다]	退屈だ 活 하다用言　類 지루하다
0155 ☐☐	**서운하다** [서우나다]	残念だ、名残惜しい 活 하다用言
0156 ☐☐	**쓸쓸하다** [쓸쓰라다]	わびしい、どんよりして薄ら寒い 活 하다用言

解説　0146 **놓치다니**は、**놓치다** (逃す) に**-다니**が付いた形。　0147 **사업 이야기**は、[사업 니야기]と発音 (ㄴ挿入)。　0148 **닥쳐올 일이**は、[닥처올 리리]と発音 (ㄴ挿入)。　0149 **용돈을**は、[용또늘]と発音 (合成語の濃音化)。**받다니**は、**받다** (もらう) に**-다니**が付いた形。　0150 **한 일**は、[한 닐]と発音 (ㄴ挿入)。　0155 **느끼는 일이**は、[느끼는 니리] ↗

젊은 사람이 처지가 **딱하게** 됐네.	若い人の境遇が気の毒なことになったね。
図 그렇게 좋은 기회를 놓치다니 **안타깝네요**.	そんなにいい機会を逃すなんて気の毒ですね。
発 사업 이야기라면 이제 **지긋지긋합니다**.	事業の話ならもううんざりです。
発 앞으로 닥쳐올 일이 너무 **두려워요**.	これから迫り来ることがとても怖いです。
発文 그 나이에 부모에게 용돈을 받다니 **한심하네**.	その年で親から小遣いをもらうだなんて情けないな。
発 내가 한 일도 아닌데 책임을 지라고 하니 **억울합니다**.	自分がやったことでもないのに責任を取れと言われて悔しいです。
그 일이 지금도 너무 **분해서** 화가 나요.	そのことが今もとても悔しくて腹が立ちます。
주말에 청소를 해야 하지만 너무 **귀찮다**.	週末に掃除をしなければいけないけど、すごく面倒だ。
일이 **번거롭지** 않도록 제가 미리 정리해 두었어요.	煩わしくないように私があらかじめ整理しておきました。
일요일에 혼자 집에 있으니까 **심심하네요**.	日曜日に一人家にいるので退屈ですね。
発 남편에게 **서운한** 감정을 느끼는 일이 많다.	夫に残念な感情を感じることが多い。
애인과 헤어진 후에 **쓸쓸한** 주말을 보내고 있어요.	恋人と別れた後、わびしい週末を過ごしています。

と発音（ㄴ挿入）。

0157 □□	**유독**	ただ一つ、ただ独り、ひときわ　漢 唯独
0158 □□	**나름대로**	それなりに、~なりに
0159 □□	**그런대로**	それなりに、何とか
0160 □□	**대충**	適当に、おおよそで、いいかげんに 類 대강
0161 □□	**대략**	おおよそ、だいたい　漢 大略
0162 □□	**더더욱**	もっと、なおさら 類 더욱
0163 □□	**더욱더** [더욱떠]	より一層、なおさら、もっと 類 더욱
0164 □□	**퍽**	非常に、すごく
0165 □□	**극히** [그키]	極めて、この上なく　漢 極-
0166 □□	**하도**	あまりにも、とても
0167 □□	**한층**	一層　漢 -層
0168 □□	**한결**	はるかに、ひとしお

解説　0157 **하니?**は、**하다** (言う) に-**니?**が付いた形。 0161 **이번 여행은**、[**이번 녀행**]と発音 (ㄴ挿入)。 0162 **조건이**は、[**조꺼니**]と発音 (漢字語の濃音化)。 0163 **주시다니**は、**주시다** (下さる) に-**다니**が付いた形。 0167 **성과**は、[**성꽈**]と発音 (漢字語の濃音化)。 0168 **먹고 났더니**は、**먹다** (飲む) に-**고 나다**、-**았더니**が付いた形。

文 **유독** 나한테만 그런 심한 말을 <u>하니</u>?	ただ私にだけそんなひどいことを言うの?
자기 **나름대로** 준비한 게 있나 봐.	自分なりに準備した物があるようだ。
행사 참가자가 적었지만 **그런대로** 성공한 편입니다.	行事の参加者が少なかったけど、それなりに成功した方です。
대충 세어 봐도 반대가 열 명은 넘는 것 같았다.	適当に数えても反対が10人は超えているようだった。
発 이번 여행에 드는 돈은 **대략** 200만 원 정도이다.	今回の旅行にかかるお金は概算で200万ウォンほどです。
発 타고난 <u>조건이</u> 부족하다면 **더더욱** 실력을 길러야지.	持って生まれた条件が足りないのならもっと実力を伸ばさないと。
文 저에게 이런 상까지 <u>주시다니</u> **더욱더** 노력하겠습니다.	私にこんな賞まで下さるなんて、より一層努力します。
그런 성적을 받아 가면 어머니가 **퍽**이나 좋아하시겠다!	そんな (悪い) 成績を持って帰ったらお母さんが大層喜ぶだろうな!
그런 능력은 **극히** 소수의 사람만 가지고 있습니다.	そういう能力は極めて少数の人だけが持っています。
하도 그 영화가 재미있다고 해서 보러 갈까 해요.	あまりにもその映画が面白いというので見に行こうかと思います。
発 지금까지의 <u>성과를</u> 바탕으로 **한층** 더 노력합시다.	今までの成果を基礎に、より一層努力しましょう。
文 약을 먹고 <u>났더니</u> 두통이 **한결** 나아졌어요.	薬を飲んだら頭痛がはるかに良くなりました。

準2級_2週目 **活用**

11日目 [TR018]

□ 0121	**가하다** 하用	가하고	가하면	가하니까	가해서
□ 0122	**덧붙이다**	덧붙이고	덧붙이면	덧붙이니까	덧붙여서
□ 0123	**넓히다**	넓히고	넓히면	넓히니까	넓혀서
□ 0124	**좁히다**	좁히고	좁히면	좁히니까	좁혀서
□ 0125	**늘리다**	늘리고	늘리면	늘리니까	늘려서
□ 0126	**합하다** 하用	합하고	합하면	합하니까	합해서
□ 0127	**깔다** ㄹ語幹	깔고	깔면	까니까	깔아서
□ 0128	**낮추다**	낮추고	낮추면	낮추니까	낮춰서
□ 0129	**벌이다**	벌이고	벌이면	벌이니까	벌여서
□ 0130	**얹다**	얹고	얹으면	얹으니까	얹어서
□ 0131	**올려놓다**	올려놓고	올려놓으면	올려놓으니까	올려놓아서
□ 0132	**되살리다**	되살리고	되살리면	되살리니까	되살려서

12日目 [TR019]

□ 0133	**접다**	접고	접으면	접으니까	접어서
□ 0134	**쓸다** ㄹ語幹	쓸고	쓸면	쓰니까	쓸어서
□ 0135	**떨어뜨리다**	떨어뜨리고	떨어뜨리면	떨어뜨리니까	떨어뜨려서
□ 0136	**앉히다**	앉히고	앉히면	앉히니까	앉혀서
□ 0137	**먹이다**	먹이고	먹이면	먹이니까	먹여서
□ 0138	**재우다**	재우고	재우면	재우니까	재워서

用言の四つの活用形を掲載しました。活用が正則でない場合は、基本形の横に変則活用の種類をアイコンで示しました（アイコンの見方はP.010参照）。

□ 0139 **벗기다**	벗기고	벗기면	벗기니까	벗겨서
□ 0140 **입히다**	입히고	입히면	입히니까	입혀서
□ 0141 **웃기다**	웃기고	웃기면	웃기니까	웃겨서
□ 0142 **씌우다**	씌우고	씌우면	씌우니까	씌워서
□ 0143 **깨우다**	깨우고	깨우면	깨우니까	깨워서
□ 0144 **뒤집다**	뒤집고	뒤집으면	뒤집으니까	뒤집어서

13日目 [TR020]

□ 0145 **딱하다** 하用	딱하고	딱하면	딱하니까	딱해서
□ 0146 **안타깝다** ㅂ変	안타깝고	안타까우면	안타까우니까	안타까워서
□ 0147 **지긋지긋하다** 하用	지긋지긋하고	지긋지긋하면	지긋지긋하니까	지긋지긋해서
□ 0148 **두렵다** ㅂ変	두렵고	두려우면	두려우니까	두려워서
□ 0149 **한심하다** 하用	한심하고	한심하면	한심하니까	한심해서
□ 0150 **억울하다** 하用	억울하고	억울하면	억울하니까	억울해서
□ 0151 **분하다** 하用	분하고	분하면	분하니까	분해서
□ 0152 **귀찮다**	귀찮고	귀찮으면	귀찮으니까	귀찮아서
□ 0153 **번거롭다** ㅂ変	번거롭고	번거로우면	번거로우니까	번거로워서
□ 0154 **심심하다** 하用	심심하고	심심하면	심심하니까	심심해서
□ 0155 **서운하다** 하用	서운하고	서운하면	서운하니까	서운해서
□ 0156 **쓸쓸하다** 하用	쓸쓸하고	쓸쓸하면	쓸쓸하니까	쓸쓸해서

□ 0085 **재주**

□ 0086 **멋**

□ 0087 **지혜**

□ 0088 **철**

□ 0089 **덕**

□ 0090 **혜택**

□ 0091 **삶**

□ 0092 **열정**

□ 0093 **기운**

□ 0094 **정성**

□ 0095 **보람**

□ 0096 **즐거움**

□ 0097 **유머**

□ 0098 **마음씨**

□ 0099 **미소**

□ 0100 **속마음**

□ 0101 **욕심**

□ 0102 **핑계**

□ 0103 **꾸중**

□ 0104 **욕**

□ 0105 **싫증**

□ 0106 **짜증**

□ 0107 **겁**

□ 0108 **트집**

□ 0109 **시일**

□ 0110 **양력**

□ 0111 **설**

□ 0112 **공휴일**

□ 0113 **대낮**

□ 0114 **한낮**

□ 0115 **한밤중**

□ 0116 **닷새**

□ 0117 **열흘**

□ 0118 **보름**

□ 0119 **당분간**

□ 0120 **한창**

□ 0121 **가하다**

□ 0122 **덧붙이다**

□ 0123 **넓히다**

□ 0124 **좁히다**

□ 0125 **늘리다**

□ 0126 **합하다**

次の韓国語の訳を書いてみましょう。分からなかった単語は、前に戻ってもう一度覚えましょう。

□ 0127 깔다

□ 0128 낮추다

□ 0129 벌이다

□ 0130 얹다

□ 0131 올려놓다

□ 0132 되살리다

□ 0133 접다

□ 0134 쓸다

□ 0135 떨어뜨리다

□ 0136 앉히다

□ 0137 먹이다

□ 0138 재우다

□ 0139 벗기다

□ 0140 입히다

□ 0141 웃기다

□ 0142 씌우다

□ 0143 깨우다

□ 0144 뒤집다

□ 0145 딱하다

□ 0146 안타깝다

□ 0147 지긋지긋하다

□ 0148 두렵다

□ 0149 한심하다

□ 0150 억울하다

□ 0151 분하다

□ 0152 귀찮다

□ 0153 번거롭다

□ 0154 심심하다

□ 0155 서운하다

□ 0156 쓸쓸하다

□ 0157 유독

□ 0158 나름대로

□ 0159 그런대로

□ 0160 대충

□ 0161 대략

□ 0162 더더욱

□ 0163 더욱더

□ 0164 퍽

□ 0165 극히

□ 0166 하도

□ 0167 한층

□ 0168 한결

1週目
2週目
3週目
4週目
5週目
6週目
7週目
8週目
9週目
10週目
11週目
12週目

□ 0085 才能

□ 0086 粋

□ 0087 知恵

□ 0088 物心

□ 0089 おかげ

□ 0090 恩恵

□ 0091 人生

□ 0092 熱意

□ 0093 元気

□ 0094 誠意

□ 0095 かい

□ 0096 楽しみ

□ 0097 ユーモア

□ 0098 心遣い

□ 0099 ほほ笑み

□ 0100 本心

□ 0101 欲

□ 0102 言い訳

□ 0103 小言

□ 0104 悪口

□ 0105 嫌気

□ 0106 かんしゃく

□ 0107 恐れ

□ 0108 難癖

□ 0109 期日

□ 0110 陽暦

□ 0111 正月

□ 0112 公休日

□ 0113 真昼

□ 0114 真昼

□ 0115 真夜中

□ 0116 五日

□ 0117 十日

□ 0118 半月

□ 0119 当面の間

□ 0120 真っ盛り

□ 0121 加える

□ 0122 付け加える

□ 0123 広げる

□ 0124 縮める

□ 0125 増やす

□ 0126 合わせる

次の日本語に該当する単語を書いてみましょう。分からなかった単語は、前に戻ってもう一度覚えましょう。

□ 0127 敷く

□ 0128 低くする

□ 0129 （事業を）始める

□ 0130 載せる

□ 0131 上に置く

□ 0132 よみがえらせる

□ 0133 折る

□ 0134 掃く

□ 0135 落とす

□ 0136 座らせる

□ 0137 食べさせる

□ 0138 寝かせる

□ 0139 脱がせる

□ 0140 着せる

□ 0141 笑わせる

□ 0142 かぶせる

□ 0143 起こす

□ 0144 覆す

□ 0145 気の毒だ

□ 0146 気の毒だ

□ 0147 うんざりしている

□ 0148 怖い

□ 0149 情けない

□ 0150 悔しい

□ 0151 悔しい

□ 0152 面倒だ

□ 0153 煩わしい

□ 0154 退屈だ

□ 0155 残念だ

□ 0156 わびしい

□ 0157 ただ一つ

□ 0158 それなりに

□ 0159 それなりに

□ 0160 適当に

□ 0161 おおよそ

□ 0162 もっと

□ 0163 より一層

□ 0164 非常に

□ 0165 極めて

□ 0166 あまりにも

□ 0167 一層

□ 0168 はるかに

1週目
2週目
3週目
4週目
5週目
6週目
7週目
8週目
9週目
10週目
11週目
12週目

01 あの人の本心が知りたいな。

02 元気がないように見えるけど、何かあった？

03 誰か一人でも喜んでくれれば、やりがいがあります。

04 真夜中に大声を出すのはやめてください。

05 調査対象の範囲を広げました。

06 エアコンの設定温度を低くしてもらえますか？

07 かばんから教科書を出して机の上に置いた。

08 お皿を落として、割ってしまいました。

09 ここの掃除は適当にやってくれればいいですよ。

10 あまりにもばかばかしくて、言葉が出ませんでした。

11　寒いのを言い訳にして部屋から出てこない。

12　メールを送ったのに、十日過ぎても返信がない。

13　明日の朝、6時に起こしてください。

14　書き終わった手紙を折り畳んで封筒に入れた。

15　退屈なので面白い話でもしてください。

16　真っ昼間からお酒を飲むのは本当に楽しい。

17　勉強に嫌気が差したので、出掛けることにした。

18　ただ一人、彼だけが成績が良かった。

19　可能な限り最短の期日内に発送いたします。

20　お手を煩わせて、本当に申し訳ありません。

» 解答は P.305

2週目で新たに出てきた文法項目を確認しましょう。
右の列の数字は掲載番号です。

» 語尾・表現

-다기보다	~だというより	0089
-았더니/-었더니	~すると、~したら、~したところ	0093 / 0103 / 0168
-ㄴ데도/-은데도	~なのに、~なのにもかかわらず	0113
-아서야/-어서야	~して初めて、~してから初めて	0118
-다니	~するなんて・だなんて	0146 / 0149 / 0163
-니?	~するの?・なの?	0157
-고 나다	~してしまう、~し終わる	0168

準2級

3週目

0169 □□	**실시간** [실씨간]	リアルタイム　漢実時間
0170 □□	**제시간**	定刻　漢-時間
0171 □□	**요전**	先日、この前　漢-前
0172 □□	**이튿날** [이튼날]	翌日、次の日 類 다음 날
0173 □□	**오늘날** [오늘랄]	今日 類 지금, 현재
0174 □□	**지난날**	過ぎし日
0175 □□	**장차**	将来　漢将次
0176 □□	**평생**	生涯、一生　漢平生 類 일생
0177 □□	**앞날** [암날]	将来、未来、後日
0178 □□	**시절**	時代、時、頃　漢時節 類 시대
0179 □□	**제때**	予定した時、ちょうどいい時
0180 □□	**평상시**	普段、平常時、平素　漢平常時

解説　0169 **실시간으로**は、[실씨가느로]と発音 (漢字語の濃音化)。　0173 **위협할 만큼**は、위협하다 (脅かす) に-ㄹ 만큼が付いた形。**발전했다**は、[발쩌낸따]と発音 (漢字語の濃音化)。

發 해외에 있어도 **실시간**으로 친구와 얘기할 수 있다.	海外にいてもリアルタイムで友達と話ができる。
일할 때는 **제시간**에 와야 신용을 얻습니다.	仕事するとき、定刻に来ないと信用を得られない。
요전에 만난 사람인데 기억이 안 나세요?	先日会った人ですが、思い出せませんか?
술을 마시고 난 **이튿날**은 몸이 피곤하고 나른해진다.	酒を飲んだ翌日は体が疲れてだるくなる。
發文 **오늘날** 과학기술은 인류의 삶을 <u>위협할 만큼</u> 발전했다.	今日の科学技術は人類の生活を脅かすほど発展した。
지난날의 실패를 두 번 다시 되풀이하고 싶지 않다.	過ぎし日の失敗を二度と繰り返したくない。
이 아이는 **장차** 이 나라를 이끌 사람이 될 겁니다.	この子は将来この国を導く人になるでしょう。
그는 **평생** 가난한 이들을 돕는 삶을 살았다.	彼は生涯、貧しい人たちを助ける人生を生きた。
이렇게 게으르니 네 **앞날**이 걱정돼서 살 수가 없다.	こんなに怠けて、あんたの将来が心配で生きられない。
가난해도 사람 냄새가 나던 그 **시절**이 좋았다.	貧しくても人のにおいがしたあの時代がよかった。
제때 과제를 끝낸 사람이 많지 않았다.	予定通りに課題を終わらせた人は多くなかった。
이곳은 **평상시**에는 닫혀 있다가 설날에만 개방합니다.	ここは普段は閉まっていて、正月にのみ開放します。

名詞 09 _ 自然

0181 □□	**안개**	霧
0182 □□	**장마**	梅雨
0183 □□	**폭우** [포구]	大雨、豪雨　漢 暴雨
0184 □□	**번개**	稲妻、稲光
0185 □□	**천둥**	雷
0186 □□	**소나기**	夕立、にわか雨 関 비 雨
0187 □□	**무지개**	虹
0188 □□	**한여름** [한녀름]	真夏
0189 □□	**더위**	暑さ 対 추위 寒さ　関 폭염 酷暑
0190 □□	**무더위**	蒸し暑さ
0191 □□	**낙엽** [나겹]	落ち葉　漢 落葉
0192 □□	**한겨울**	真冬

解説　0183 **많습니다**は、[**만씀니다**]と発音 (語尾の濃音化)。 0184 **오겠구나 싶었다**は、**오다** (降る) に-**겠**-、-**구나 싶었다**が付いた形。 0185 **무너지는 듯한**は、**무너지다** (崩れ落ちる) に-**는 듯하다**が付いた形の現在連体形。 0188 **한여름일수록**は、**한여름**に〜**이다**、-**ㄹ수록**が付いた形で、[**한녀르밀쑤록**]と発音 (ㄴ挿入)。

집 부근에 강이 있어서 그런지 **안개**가 자주 낀다.	家の近くに川があるせいか、よく霧がかかる。
장마가 시작되면서 흐린 날씨가 이어지고 있다.	梅雨が始まって曇りの日が続いている。
発 **폭우**가 내려서 피해를 본 사람이 <u>많습니다</u>.	大雨が降って被害を受けた人がたくさんいます。
文 천둥과 **번개**가 치는 걸 보니 곧 비가 <u>오겠구나</u> 싶었다.	雷と稲妻が走るのを見ると、じき雨が降るだろうなと思った。
文 **천둥**이 치니까 하늘이 <u>무너지는 듯한</u> 느낌이 들었다.	雷が鳴ると、空が崩れ落ちるような感じがした。
소나기가 내리자 사람들이 큰 나무 아래로 달려갔다.	夕立が降ると人々は大きな木の下に走って行った。
비가 오고 난 뒤 산 너머에 **무지개**가 걸렸다.	雨が降った後、山の向こう側に虹がかかった。
発文 **한여름**일수록 더위를 식혀 줄 무서운 영화가 당긴다.	真夏であるほど暑さを冷やしてくれる怖い映画に引かれる。
더위가 약해져서 이제 좀 살 것 같은 기분이 든다.	暑さが弱まって、やっと少し生きた心地がする。
무더위가 여전해서 에어컨 없이 살 수가 없네요.	蒸し暑さが相変わらずなのでエアコンなしで生きられないですね。
낙엽이 떨어지면 왠지 쓸쓸한 기분이 든다.	葉が落ちるとなぜだかわびしい気分になる。
한겨울 바람이 너무 차가워서 손을 꺼내기도 어렵다.	真冬の風がとても冷たくて手を出すのも難しい。

0193 □□	**추위**	寒さ 対 더위 暑さ　関 한기 寒気
0194 □□	**영상**	零度以上　漢 零上 対 영하 零下
0195 □□	**폭설** [폭썰]	大雪、豪雪　漢 暴雪
0196 □□	**호수**	湖　漢 湖水
0197 □□	**항구**	港　漢 港口
0198 □□	**물결** [물껼]	波、波浪 類 파도
0199 □□	**언덕**	丘、坂
0200 □□	**들**	野原
0201 □□	**논**	田、水田
0202 □□	**못** [몯]	池
0203 □□	**폭포**	滝　漢 瀑布
0204 □□	**소풍**	遠足、ハイキング、ピクニック　漢 逍風

解説　0196 **일주일을**は、[**일쭈이를**]と発音 (漢字語の濃音化)。　0198 **물결이**は、[**물꺼리**]と発音 (合成語の濃音化)。

더위는 그나마 견디겠는데 **추위**는 도저히 못 견디겠다.	暑さはそれでも耐えられそうだけど、寒さは到底耐えられそうにない。
날씨가 풀리면서 기온이 **영상**을 되찾았습니다.	寒さが和らいで気温が零度以上を取り戻しました。
폭설 때문에 항공편이 모두 끊겼습니다.	大雪のため、航空便が全て欠航になりました。
잔잔한 **호수**에서 낚시를 하기 위해 일주일을 버팁니다.	穏やかな湖で釣りをするために1週間我慢します。
항구는 늘 떠나는 사람과 들어오는 사람들로 복잡하다.	港はいつも出発する人と入ってくる人で混雑している。
호수의 **물결**이 잔잔해서 낚시하기에 딱 좋은 날씨네요.	湖の波が穏やかで釣りをするのにちょうどいい天気ですね。
꽃이 예쁘게 핀 **언덕** 위에 집을 짓고 살고 싶어요.	花がきれいに咲いた丘の上に家を建てて住みたいです。
날씨가 좋은 날에는 **들**에 나가서 풍경을 그리고 싶어요.	天気がいい日は野原に出掛けて風景を描きたいです。
여기는 **논**이 많아서 개구리가 자주 눈에 띈다.	ここは田んぼが多くてカエルがよく目に付く。
집 근처 **못**에는 다양한 곤충과 식물들이 산다.	家の近所の池には、さまざまな昆虫や植物が生息している。
폭포 근처에 가자 시원한 바람이 불었다.	滝の近くに行くと涼しい風が吹いた。
소풍 가기 전날은 흥분해서 잠이 안 왔어요.	遠足に行く前の日は興奮して眠れませんでした。

0205 □□	**다지다**	押し固める、確かめる、切り刻む

0206 □□	**가꾸다**	育てる、栽培する、手入れをする 類 재배하다

0207 □□	**꾸미다**	飾る、整える、仕立てる、作り上げる

0208 □□	**다듬다** [다듬따]	整える、こぎれいにする、手入れする 類 정돈하다

0209 □□	**바로잡다** [바로잡따]	正す、直す

0210 □□	**쏘다**	撃つ、射る、言い放つ 類 발사하다

0211 □□	**찌르다**	刺す、突く 活 르変則

0212 □□	**잇다** [읻따]	つなぐ、結ぶ、継ぐ、維持する 活 ㅅ変則 　類 연결하다 　対 끊다 切る

0213 □□	**묶다** [묵따]	縛る、くくる、束ねる 類 매다 　対 풀다 解く 　関 잇다 つなぐ

0214 □□	**틀다**	ひねる、ねじる、スイッチを入れる 活 ㄹ語幹 　類 돌리다

0215 □□	**맺다** [맫따]	結ぶ、締めくくる 類 연결하다 　対 풀다 ほどく 　関 맺히다 結ばれる

0216 □□	**마무리하다**	仕上げる、締めくくる 活 하다用言

解説　0207 **꾸미는 일이**は、[꾸미는 니리]と発音（ㄴ挿入）。

건물을 짓기 전에 땅을 **다지는** 작업이 오래 걸립니다.	建物を建てる前に地面を押し固める作業が長くかかります。
집 앞 마당에서 꽃을 **가꾸기로** 했습니다.	家の前の庭で花を育てることにしました。
發 집안을 깨끗이 하고 <u>**꾸미는** 일이</u> 제 취미예요.	家の中をきれいにして飾るのが私の趣味です。
요리하기 전에 재료를 잘 **다듬어** 놓는 게 중요해요.	料理する前に材料をちゃんと整えておくことが重要です。
이런 잘못은 반드시 **바로잡고** 나아가야 합니다.	こういう間違いは必ず正して進まなければいけません。
군대에 가면 총을 **쏘는** 연습을 많이 하게 됩니다.	軍隊に行くと銃を撃つ練習をたくさんすることになります。
칼로 아무나 **찔러서는** 안 됩니다.	刃物で誰でも構わず刺してはいけません。
아버지의 대를 **이어** 국숫집을 하기로 했습니다.	父の代を継いでククス屋をすることにしました。
경찰이 도둑이 도망가지 못하도록 손을 **묶었습니다.**	警察が、泥棒が逃げられないように手を縛りました。
날씨가 추워서 수도를 **틀어도** 물이 나오지 않았다.	寒いので、水道の蛇口をひねっても水が出てこなかった。
정식으로 계약을 **맺고** 물건을 수입하고 있습니다.	正式に契約を結んで、品物を輸入しています。
오늘 중으로 이 일을 **마무리해야** 합니다.	今日中にこの仕事を仕上げないといけません。

動詞 06 _ 対象の移動

[TR025]

0217 □□	**나르다**	運ぶ 活 르変則
0218 □□	**건네다**	手渡す、(声などを) かける 類 넘기다
0219 □□	**넘기다**	渡す、めくる、譲り渡す、引き渡す 類 건네다　関 넘다 越える
0220 □□	**가져다주다** [가저다주다]	持ってきてくれる、持ってきてやる、もたらす 縮 갖다주다　関 운반하다 運搬する
0221 □□	**수집하다** [수지파다]	収集する　漢 蒐集-- 活 하다用言
0222 □□	**줍다** [줍따]	拾う 活 ㅂ変則
0223 □□	**치우다**	片付ける、移す
0224 □□	**이끌다**	導く、引く、率いる 活 ㄹ語幹
0225 □□	**당기다**	そそられる、引っ張る、引き寄せる、引かれる 類 끌다
0226 □□	**훔치다**	盗む、拭く、拭う 類 닦다
0227 □□	**빼앗다** [빼앋따]	奪う 対 돌려주다 返す
0228 □□	**되찾다** [되찯따]	取り戻す

解説　0217 **나르는 일**을は、[**나르는 니를**]と発音 (ㄴ挿入)。　0218 **손수건**은は、[**손쑤거늘**]と
発音 (合成語の濃音化)。　0219 **해 달라고**は、**하다** (やる) に-**어 달라고**が付いた形。
0222 **활동**은は、[**활똥**]と発音 (漢字語の濃音化)。　0228 **되찾는 일**에는、[**되찬는 니레**]
と発音 (ㄴ挿入)。

📢 저는 공사 현장에서 짐을 **나르는 일**을 주로 합니다.	私は工事現場で荷物を運ぶ仕事を主にやっています。
📢 영화를 보면서 우는 여자 친구에게 손수건을 **건넸다**.	映画を見ながら泣く彼女にハンカチを渡した。
文 과장님이 서류를 **넘기면서** 바로 해 달라고 했다.	課長が書類を渡しながらすぐにやってくれと言った。
종업원에게 따뜻한 물을 달라고 하자 곧 **가져다주었다**.	従業員にお湯をくれと言うとすぐに持ってきてくれた。
새로운 프로그램을 개발하기 전에 요구 사항을 **수집합시다**.	新しいプログラムを開発する前に要求事項を収集しましょう。
📢 주말마다 거리에서 쓰레기를 **줍는 활동**을 하고 있습니다.	毎週末、道でごみを拾う活動をしています。
손님이 오니까 얼른 방을 **치워라**.	お客さまが来るのですぐに部屋を片付けなさい。
그 감독이 **이끄는** 팀의 우승 확률이 제일 높습니다.	その監督が導くチームの優勝確率が一番高いです。
오늘따라 아주 매운 떡볶이가 **당기는데** 어때요?	今日に限ってとても辛いトッポギにそそられるんだけど、どうですか？
남의 물건을 **훔치는** 버릇은 어릴 때부터 고쳐야 해.	他人の物を盗む癖は小さいうちから直さなければいけない。
입시 부정은 다른 아이의 기회를 **빼앗는** 것입니다.	不正入試は他の子の機会を奪うことです。
📢 해외에 있는 우리 문화재를 **되찾는 일**에 힘을 모읍시다.	海外にある韓国の文化財を取り戻すことに力を集めましょう。

形容詞 03 _ 気持ち・感情 [TR026]

0229
☐☐ **지루하다**
退屈だ、飽き飽きしている
活 하다用言　類 심심하다

0230
☐☐ **어색하다**
[어새카다]
ぎこちない、不自然だ　漢 語塞--
活 하다用言　対 자연스럽다 自然だ

0231
☐☐ **괴롭다**
[괴롭따]
苦しい、つらい、悩ましい、困っている
活 ㅂ変則　類 고통스럽다

0232
☐☐ **외롭다**
[외롭따]
寂しい、孤独だ、心細い
活 ㅂ変則　類 고독하다

0233
☐☐ **우울하다**
[우우라다]
憂鬱だ　漢 憂鬱--
活 하다用言　名 우울　類 침울하다

0234
☐☐ **못마땅하다**
[몬마땅하다]
気にくわない、不満だ
活 하다用言

0235
☐☐ **낯설다**
[낟썰다]
なじみがない、不慣れだ、見慣れない
活 ㄹ語幹　類 생소하다　対 낯익다 見慣れている

0236
☐☐ **헛되다**
[헏뙤다]
無駄だ、むなしい

0237
☐☐ **다정하다**
優しい、情が深い、思いやりがある　漢 多情--
活 하다用言

0238
☐☐ **친근하다**
[친그나다]
親しい　漢 親近--
活 하다用言

0239
☐☐ **얌전하다**
[얌저나다]
おとなしい、素直だ、しとやかだ
活 하다用言

0240
☐☐ **점잖다**
[점잔타]
温厚だ、上品だ、もの静かだ、大様だ

解説　0229 **자고 말았다**は、**자다** (寝る) に**-고 말았다**が付いた形。　0230 **만났더니**は、**만나다** (会う) に**-았더니**が付いた形。　0239 **성격인가**は、[**성껴긴가**] と発音 (漢字語の濃音化)。　0240 **화냈다니**は、**화내다** (怒る) に**-었다니**が付いた形。

文 오랜만에 영화를 봤는데 너무 **지루해서** 자고 말았다.	久しぶりに映画を見たけど、とても退屈で寝てしまった。
文 헤어진 남친과 우연히 <u>만났더니</u> **어색했다.**	別れた彼氏と偶然会ったらぎこちなかった。
오랫동안 공부해도 실력이 안 느니 **괴롭네요.**	長い間勉強しても実力が伸びないので苦しいですね。
비 오는 가을 날에는 나도 모르게 **외롭다고** 느껴요.	雨の降る秋の日には、われ知らず寂しいと感じます。
우울할 때는 음악으로 기분 전환을 하세요.	憂鬱なときは音楽で気分転換をしてください。
나는 늘 지각하는 그 사람이 **못마땅하다.**	私はいつも遅刻する彼が気にくわない。
처음 외국에 나오니 모든 것이 제게 너무 **낯설어요.**	初めて外国に来たら、全てが私にとってあまりにもなじみがありません。
나의 **헛된** 욕심이 스스로를 망쳐 버렸다.	私の無駄な欲が自らを駄目にしてしまった。
저는 부자가 아니라도 **다정한** 남자가 좋아요.	私はお金持ちじゃなくても優しい男性が好きです。
가게 점원이 **친근한** 목소리로 안내를 했다.	店員が親しげな声で案内をした。
発 아이가 순수하고 **얌전한** <u>성격인가</u> 봐요.	子どもは、純粋でおとなしい性格のようです。
文 그렇게 **점잖은** 사람이 갑자기 <u>화냈다니</u> 못 믿겠어요.	あんなに温厚な人が突然怒っただなんて信じられません。

0241 □□	**잔뜩**	いっぱい、たっぷり 類 많이
0242 □□	**유난히** [유나니]	ひときわ、特別に、際立って
0243 □□	**온통**	すっかり、全部、丸々
0244 □□	**그토록**	それほど、あれほど、さほど 類 그다지도
0245 □□	**그만**	それくらいに（～する）、思わず、つい
0246 □□	**워낙**	あまりにも、何しろ、元々
0247 □□	**일찍이** [일찌기]	早くから、早くに、早々と、かつて
0248 □□	**갓** [갇]	今しがた、～したて
0249 □□	**진작**	とっくに、前もって、ずっと前に
0250 □□	**이제야**	今まさに、やっとのことで
0251 □□	**그제서야**	やっと
0252 □□	**어느덧** [어느덛]	いつの間にか

解説　0245 **실수한**は、[**실쑤한**]と発音（漢字語の濃音化）。　0247 **중요성**は、[**중요썽**]と発音（漢字語の濃音化）。

아버지가 아이들을 위해 선물을 **잔뜩** 사 오셨다.	お父さんが子どもたちのために プレゼントをいっぱい買ってい らっしゃった。
후배 중에 눈이 **유난히** 예쁜 아이가 있었다.	後輩の中に、目がひときわきれ いな子がいた。
카페 안 흡연실은 **온통** 담배 연기로 차 있었다.	カフェの中の喫煙室はすっかり たばこの煙が充満していた。
그토록 원하던 물건을 손에 넣었지만 기쁘지 않았다.	あれほど望んでいた品物を手に 入れたけど、うれしくなかった。
発 내가 <u>실수한</u> 거 잘 알고 있으니 **그만 좀** 놀려.	私が失敗したことはよく分かっ ているから、からかうのはそれく らいにしてくれ。
토론 실력이 **워낙** 뛰어나서 누구하고도 지지 않는다.	討論の実力がとても優れている ので、誰にも負けない。
発 그는 **일찍이** IT 산업의 <u>중요성</u>을 알고 준비했다.	彼は早くからIT産業の重要性を 知って準備していた。
갓 졸업한 사람이라 아직 잘 모를 거예요.	卒業したばかりの人なのでまだ よく知らないでしょう。
그 사람은 **진작** 회사를 그만뒀어요.	その人はとっくに会社を辞めま した。
이제야 스승님이 강조했던 내용이 무엇인지 깨닫게 됐다.	今まさに師匠が強調していた内 容が何か悟った。
고양이가 계속 울자 **그제서야** 주인이 밥을 줬다.	猫が鳴き続けてやっと飼い主が 餌をやった。
책을 읽다가 밖을 보니 **어느덧** 해가 지고 있었다.	本を読んでいて外を見たら、い つの間にか日が暮れていた。

18日目 [TR028]

□ 0205 **다지다**	다지고	다지면	다지니까	다져서
□ 0206 **가꾸다**	가꾸고	가꾸면	가꾸니까	가꿔서
□ 0207 **꾸미다**	꾸미고	꾸미면	꾸미니까	꾸며서
□ 0208 **다듬다**	다듬고	다듬으면	다듬으니까	다듬어서
□ 0209 **바로잡다**	바로잡고	바로잡으면	바로잡으니까	바로잡아서
□ 0210 **쏘다**	쏘고	쏘면	쏘니까	쏴서
□ 0211 **찌르다** 르変	찌르고	찌르면	찌르니까	찔러서
□ 0212 **잇다** ㅅ変	잇고	이으면	이으니까	이어서
□ 0213 **묶다**	묶고	묶으면	묶으니까	묶어서
□ 0214 **틀다** ㄹ語幹	틀고	틀면	트니까	틀어서
□ 0215 **맺다**	맺고	맺으면	맺으니까	맺어서
□ 0216 **마무리하다** 하用	마무리하고	마무리하면	마무리하니까	마무리해서

19日目 [TR029]

□ 0217 **나르다** 르変	나르고	나르면	나르니까	날라서
□ 0218 **건네다**	건네고	건네면	건네니까	건네서
□ 0219 **넘기다**	넘기고	넘기면	넘기니까	넘겨서
□ 0220 **가져다주다**	가져다주고	가져다주면	가져다주니까	가져다줘서
□ 0221 **수집하다** 하用	수집하고	수집하면	수집하니까	수집해서
□ 0222 **줍다** ㅂ変	줍고	주우면	주우니까	주워서

用言の四つの活用形を掲載しました。活用が正則でない場合は、基本形の横に変則活用の種類をアイコンで示しました（アイコンの見方はP.010参照）。

□ 0223	치우다	치우고	치우면	치우니까	치워서
□ 0224	이끌다 ㄹ語幹	이끌고	이끌면	이끄니까	이끌어서
□ 0225	당기다	당기고	당기면	당기니까	당겨서
□ 0226	훔치다	훔치고	훔치면	훔치니까	훔쳐서
□ 0227	빼앗다	빼앗고	빼앗으면	빼앗으니까	빼앗아서
□ 0228	되찾다	되찾고	되찾으면	되찾으니까	되찾아서

20日目　[TR030]

□ 0229	지루하다 하用	지루하고	지루하면	지루하니까	지루해서
□ 0230	어색하다 하用	어색하고	어색하면	어색하니까	어색해서
□ 0231	괴롭다 ㅂ変	괴롭고	괴로우면	괴로우니까	괴로워서
□ 0232	외롭다 ㅂ変	외롭고	외로우면	외로우니까	외로워서
□ 0233	우울하다 하用	우울하고	우울하면	우울하니까	우울해서
□ 0234	못마땅하다 하用	못마땅하고	못마땅하면	못마땅하니까	못마땅해서
□ 0235	낯설다 ㄹ語幹	낯설고	낯설면	낯서니까	낯설어서
□ 0236	헛되다	헛되고	헛되면	헛되니까	헛돼서
□ 0237	다정하다 하用	다정하고	다정하면	다정하니까	다정해서
□ 0238	친근하다 하用	친근하고	친근하면	친근하니까	친근해서
□ 0239	얌전하다 하用	얌전하고	얌전하면	얌전하니까	얌전해서
□ 0240	점잖다	점잖고	점잖으면	점잖으니까	점잖아서

☐ 0169 **실시간**	☐ 0190 **무더위**
☐ 0170 **제시간**	☐ 0191 **낙엽**
☐ 0171 **요전**	☐ 0192 **한겨울**
☐ 0172 **이튿날**	☐ 0193 **추위**
☐ 0173 **오늘날**	☐ 0194 **영상**
☐ 0174 **지난날**	☐ 0195 **폭설**
☐ 0175 **장차**	☐ 0196 **호수**
☐ 0176 **평생**	☐ 0197 **항구**
☐ 0177 **앞날**	☐ 0198 **물결**
☐ 0178 **시절**	☐ 0199 **언덕**
☐ 0179 **제때**	☐ 0200 **들**
☐ 0180 **평상시**	☐ 0201 **논**
☐ 0181 **안개**	☐ 0202 **못**
☐ 0182 **장마**	☐ 0203 **폭포**
☐ 0183 **폭우**	☐ 0204 **소풍**
☐ 0184 **번개**	☐ 0205 **다지다**
☐ 0185 **천둥**	☐ 0206 **가꾸다**
☐ 0186 **소나기**	☐ 0207 **꾸미다**
☐ 0187 **무지개**	☐ 0208 **다듬다**
☐ 0188 **한여름**	☐ 0209 **바로잡다**
☐ 0189 **더위**	☐ 0210 **쏘다**

次の韓国語の訳を書いてみましょう。分からなかった単語は、前に戻ってもう一度覚えましょう。

□ 0211 찌르다

□ 0212 잇다

□ 0213 묶다

□ 0214 틀다

□ 0215 맺다

□ 0216 마무리하다

□ 0217 나르다

□ 0218 건네다

□ 0219 넘기다

□ 0220 가져다주다

□ 0221 수집하다

□ 0222 줍다

□ 0223 치우다

□ 0224 이끌다

□ 0225 당기다

□ 0226 훔치다

□ 0227 빼앗다

□ 0228 되찾다

□ 0229 지루하다

□ 0230 어색하다

□ 0231 괴롭다

□ 0232 외롭다

□ 0233 우울하다

□ 0234 못마땅하다

□ 0235 낯설다

□ 0236 헛되다

□ 0237 다정하다

□ 0238 친근하다

□ 0239 얌전하다

□ 0240 점잖다

□ 0241 잔뜩

□ 0242 유난히

□ 0243 온통

□ 0244 그토록

□ 0245 그만

□ 0246 워낙

□ 0247 일찍이

□ 0248 갓

□ 0249 진작

□ 0250 이제야

□ 0251 그제서야

□ 0252 어느덧

1週目
2週目
3週目
4週目
5週目
6週目
7週目
8週目
9週目
10週目
11週目
12週目

☐ 0169 リアルタイム

☐ 0170 定刻

☐ 0171 先日

☐ 0172 翌日

☐ 0173 今日

☐ 0174 過ぎし日

☐ 0175 将来

☐ 0176 生涯

☐ 0177 将来

☐ 0178 時代

☐ 0179 予定した時

☐ 0180 普段

☐ 0181 霧

☐ 0182 梅雨

☐ 0183 大雨

☐ 0184 稲妻

☐ 0185 雷

☐ 0186 夕立

☐ 0187 虹

☐ 0188 真夏

☐ 0189 暑さ

☐ 0190 蒸し暑さ

☐ 0191 落ち葉

☐ 0192 真冬

☐ 0193 寒さ

☐ 0194 零度以上

☐ 0195 大雪

☐ 0196 湖

☐ 0197 港

☐ 0198 波

☐ 0199 丘

☐ 0200 野原

☐ 0201 田

☐ 0202 池

☐ 0203 滝

☐ 0204 遠足

☐ 0205 押し固める

☐ 0206 育てる

☐ 0207 飾る

☐ 0208 整える

☐ 0209 正す

☐ 0210 撃つ

次の日本語に該当する単語を書いてみましょう。分からなかった単語は、前に戻ってもう一度覚えましょう。

□ 0211 刺す

□ 0212 つなぐ

□ 0213 縛る

□ 0214 ひねる

□ 0215 結ぶ

□ 0216 仕上げる

□ 0217 運ぶ

□ 0218 手渡す

□ 0219 渡す

□ 0220 持ってきてくれる

□ 0221 収集する

□ 0222 拾う

□ 0223 片付ける

□ 0224 導く

□ 0225 そそられる

□ 0226 盗む

□ 0227 奪う

□ 0228 取り戻す

□ 0229 退屈だ

□ 0230 ぎこちない

□ 0231 苦しい

□ 0232 寂しい

□ 0233 憂鬱だ

□ 0234 気にくわない

□ 0235 なじみがない

□ 0236 無駄だ

□ 0237 優しい

□ 0238 親しい

□ 0239 おとなしい

□ 0240 温厚だ

□ 0241 いっぱい

□ 0242 ひときわ

□ 0243 すっかり

□ 0244 それほど

□ 0245 それくらいに (〜する)

□ 0246 あまりにも

□ 0247 早くから

□ 0248 今しがた

□ 0249 とっくに

□ 0250 今まさに

□ 0251 やっと

□ 0252 いつの間にか

01 二つの大都市を結ぶ鉄道を建設する予定です。

02 濃い霧がかかっていて運転するのが怖いです。

03 寒さに強い方なので、ソウルの冬も平気です。

04 携帯電話がなかった時代は、人と約束して会うのが大変でした。

05 あれほど好きだったのに、今は嫌いになりました。

06 遠くで稲妻が光るのを見ました。

07 子どもたちと一緒に遠足に出掛けました。

08 姿勢を正して話を聞くことにした。

09 切手を収集するのが私の趣味なんですよ。

10 正確な結論を導き出すためには経験が必要だ。

11 あの人が私から奪っていったものを取り戻さなければならない。

12 その観光地は滝が有名だそうですよ。

13 今日は誕生日パーティーがあるから、部屋をきれいに飾らないとね。

14 夕立が降ったと思ったら、突然やんだ。

15 この港から日本に行くこともできます。

16 友達が旅行先でお土産をいっぱい買ってきた。

17 このパン、焼きたてだから食べてみてよ。

18 普段は人が多くないんですが、今日は特別な日なので。

19 楽しくなかったら、とっくにやめているよ。

20 気にくわないと思うことがあるなら、正直に言いなよ。

» 解答は P.305

1週目
2週目
3週目
4週目
5週目
6週目
7週目
8週目
9週目
10週目
11週目
12週目

3週目で新たに出てきた文法項目を確認しましょう。
右の列の数字は掲載番号です。

» 語尾・表現

-ㄹ/-을 만큼	~するほど	0173
-구나 싶다	~だなと思う、~なのだなと思う	0184
-는 듯하다	~するようだ、~しているようだ	0185
-ㄹ수록/-을수록	~するほど・であるほど	0188
-아/-어 달라고	~してくれと	0219
-고 말다	~してしまう	0229

準2級

4週目

0253 □□	**햇볕** [핻뼏]	日光
0254 □□	**햇살** [핻쌀]	日差し 類 햇빛
0255 □□	**그림자**	影 対 빛 光
0256 □□	**어둠**	暗闇 対 빛 光
0257 □□	**꽃잎** [꼰닙]	花びら
0258 □□	**장미**	バラ　漢 薔薇
0259 □□	**진달래**	ツツジ
0260 □□	**벚꽃** [벋꼳]	桜
0261 □□	**소나무**	松 類 솔
0262 □□	**잔디**	芝
0263 □□	**줄기**	幹、茎 関 가지 枝
0264 □□	**마디**	節、(言葉の) 一区切り

解説　0256 **닫음으로써**는、**닫다** (閉ざす) に**-음으로써**が付いた形。　0257 **꽃잎이**는、[**꼰니피**]と発音 (ㄴ挿入)。　0259 **산골에서**는、[**산꼬레서**]と発音 (合成語の濃音化)。　0262 **방치했더니**는、**방치하다** (放置する) に**-었더니**が付いた形。

햇볕에 타지 않도록 모자를 쓰고 외출할까 합니다.

日焼けしないように帽子をかぶって外出しようかと思います。

따뜻한 **햇살**을 받으며 독서를 하고 있으면 행복하다.

暖かい日差しを受けながら読書をしていると幸せだ。

오후부터 집 앞 나무의 **그림자**가 집 안까지 들어왔다.

午後になって家の前の木の影が家の中まで入ってきた。

文 그 사람이 입을 닫음으로써 진실이 **어둠**에 묻혔다.

その人が口を閉ざすことによって真実が闇に埋められた。

発 비가 오면서 활짝 핀 **꽃잎**이 모두 떨어져 버렸다.

雨が降って、ぱあっと咲いた花びらが全て落ちてしまった。

아름다운 꽃의 대명사인 **장미**는 가시를 숨기고 있다.

美しい花の代名詞であるバラはとげを隠している。

発 봄이면 여기저기 **진달래** 피는 산골에서 자랐습니다.

春になるとあちこちでツツジの咲く田舎で育ちました。

벚꽃이 날리는 곳에 사람들이 모여 있었다.

桜が舞う所に人が集まっていた。

언덕 위에 홀로 서 있는 **소나무**가 멋지네요.

丘の上に一人で立っている松の木がかっこいいですね。

文 마당 앞 **잔디**를 방치했더니 잡초처럼 돼 버렸다.

庭の前の芝を放置していたら、雑草のようになってしまった。

나무 **줄기** 하나에서 많은 가지가 뻗어 나오네요.

木の幹1本から多くの枝が伸びて出ていますね。

말도 몇 **마디** 못 했는데 헤어져서 너무 아쉽다.

少ししか話せなかったのに別れてしまいとても残念だ。

名詞 12 _ 場所

0265 □□	**제자리**	元の場所、その場、自分の場所
0266 □□	**한데**	一力所
0267 □□	**한가운데**	真ん中
0268 □□	**구석**	隅
0269 □□	**안팎** [안팍]	内外
0270 □□	**겉** [걷]	表、表面、上辺、外面 類 표면　対 속 中
0271 □□	**부근**	付近　漢 附近 類 언저리
0272 □□	**근방**	近所、近辺、辺り　漢 近方
0273 □□	**행방**	行方　漢 行方
0274 □□	**곳곳** [곧꼳]	あちこち、至る所、所々 類 군데군데
0275 □□	**꼭대기** [꼭때기]	頂上、てっぺん 類 정상　対 바닥 底
0276 □□	**대문**	正門　漢 大門 類 정문

解説　0265 **열심히**は、[열씨미]と発音 (漢字語の濃音化)。**노력하는데도**は、**노력하다** (努力する) に-**는데도**が付いた形。　0268 **했더니**は、**하다** (やる) に-**었더니**が付いた形。　0270 **괜찮은 척했지만**は、**괜찮다** (大丈夫だ) に-**은 척하다**、-**었지만**が付いた形。

発文	열심히 노력하는데도 늘 **제자리**에 있는 것 같아요.	一生懸命努力しているのにいつもその場にとどまっている気がします。
	재활용품은 **한데** 모아서 정해진 날에 버립시다.	リサイクル品は1カ所に集めて決められた日に捨てましょう。
	큰 고기를 잡으러 바다 **한가운데**를 향해 갔다.	大きな魚を捕りに、海の真ん中に向かって行った。
文	청소를 대충 했더니 **구석**에 먼지가 잔뜩 쌓였다.	掃除をいいかげんにやったら、隅にほこりがいっぱい積もっていた。
	나라 **안팎**의 경제가 안 좋다는 뉴스로 시끄럽다.	国内外の経済が良くないというニュースで騒がしい。
文	**겉**으로는 괜찮은 척했지만 꽤 큰 충격을 받았다.	表向きは大丈夫なふりをしたが、かなり大きな衝撃を受けた。
	이 **부근**에는 은행 등 편리한 시설이 다 있습니다.	この付近には銀行など便利な施設が全部あります。
	이 **근방**에 큰 극장이 있나요?	この近所に大きな劇場はありますか？
	그 사람의 **행방**을 아는 사람은 아무도 없어.	その人の行方を知る人は誰もいない。
	휴일을 맞이하여 도로 **곳곳**이 정체상태에 있습니다.	休日を迎え、道路のあちこちが渋滞しています。
	답답할 때는 산 **꼭대기**에 올라 마음껏 소리를 질러요.	もどかしい時は山の頂上に登って思い切り叫びます。
	그 동네 사람들은 모두 **대문**을 잠그지 않고 산다.	その町内の人は皆正門に鍵をせずに暮らしている。

1週目　2週目　3週目　**4週目**　5週目　6週目　7週目　8週目　9週目　10週目　11週目　12週目

0277 □□	**담**	塀
0278 □□	**안방** [안빵]	奥の間　漢-房
0279 □□	**거실**	居間、リビング　漢居室
0280 □□	**천장**	天井　漢天障
0281 □□	**온돌**	オンドル、床暖房　漢温突
0282 □□	**굴뚝**	煙突、煙筒
0283 □□	**인도**	歩道　漢人道
0284 □□	**모퉁이**	角
0285 □□	**지름길** [지름낄]	近道、早道
0286 □□	**칸**	囲まれた空間
0287 □□	**자가용**	自家用車、自家用　漢自家用
0288 □□	**바퀴**	タイヤ

解説　0277 **많습니다**は、[**만씀니다**]と発音 (語尾の濃音化)。　0278 **안방**は、[**안빵**]と発音 (合成語の濃音化)。　0281 **올겨울**は、[**올껴울**]と発音 (合成語の濃音化)。　0285 **지름길입니다**は、[**지름끼림니다**]と発音 (合成語の濃音化)。　0286 **전용이므로**は、전용 (専用) に〜**이다**、-**므로**が付いた形。　0287 **출퇴근용으로**は、[**출퇴근뇽으로**]と発音 ✏

発 제주도는 돌로 지어진 **담**이 <u>많습니다</u>.	済州島は石で作られた塀が多いです。
発 손님이 오면 **안방**을 내어 주고 우리는 거실에서 자요.	客が来たら奥の間を空けて私たちは居間で寝ます。
휴일에는 가족 모두 주로 **거실**에 모여서 책을 읽습니다.	休日には家族みんな、主に居間に集まって本を読みます。
천장에서 비가 새서 빗소리 때문에 잠을 못 잤다.	天井から雨が漏れて、雨音のせいで眠れなかった。
発 **온돌** 덕분에 올겨울도 따뜻하게 지낼 수 있어요.	オンドルのおかげで今年の冬も暖かく過ごすことができます。
옛날 목욕탕은 **굴뚝**에서 연기가 났다.	昔、銭湯は煙突から煙が出た。
연휴에 **인도**에 사람이 많아서 걸어다니기조차 힘들었다.	連休に歩道に人が多くて歩き回ることすら大変だった。
급하게 **모퉁이**를 돌다가 다른 차와 부딪칠 뻔했다.	急に角を曲がったら別の車とぶつかるところだった。
発 무엇이든 매일 꾸준히 하는 것이 성공의 **지름길**입니다.	何であれ、毎日たゆまずやることが成功の近道です。
文 이 열차 **칸**은 여성 <u>전용이므로</u> 여성분만 타십시오.	この車両は女性専用なので、女性のみお乗りください。
発 출퇴근용으로 **자가용**을 사서 평일에만 쓰고 있다.	通勤用に自家用車を買って、平日のみ使っている。
자전거 **바퀴**의 바람이 빠져서 탈 수가 없어요.	タイヤの空気が抜けて自転車に乗れません。

(ㄴ挿入)。

0289 □□	**몰아내다** [모라내다]	追い出す

0290 □□	**내보내다**	出て行かせる、追い出す

0291 □□	**날리다**¹	飛ばす

0292 □□	**바치다**	ささげる

0293 □□	**따르다**	つぐ、注ぐ 活 으語幹 対 붓다 注ぐ

0294 □□	**꾸다**	(お金などを) 借りる 類 빌리다 対 갚다 返す

0295 □□	**갚다** [갑따]	(借りを) 返す、返済する、報いる 対 꾸다 借りる

0296 □□	**거두다**	集める、収める、取り込む、引き取る

0297 □□	**걸치다**	引っ掛ける、かかる、及ぶ 関 걸다 かかる

0298 □□	**늘어놓다** [느러노타]	並べ立てる、ずらりと並べる、広げる 類 나열하다

0299 □□	**띄우다** [띠우다]	浮かべる 対 가라앉히다 沈める 関 뜨다 浮く

0300 □□	**갈다**	替える、取り替える 活 ㄹ語幹 類 교환하다 関 갈리다 替えられる

解説 0298 **만났더니**は、**만나다** (会う) に-**았더니**が付いた形。

고양이가 쥐를 집 밖으로 **몰아냈다**.	猫がネズミを家の外に追い出した。
떠드는 사람은 교실 밖으로 **내보낼** 겁니다.	騒ぐ人は教室の外に出て行かせます。
어린이날에 공원에서 사람들이 풍선을 많이 **날립니다**.	こどもの日に公園で風船をたくさん飛ばします。
이 노래는 제게 많은 도움을 주신 스승님께 **바칩니다**.	この歌は私をとても助けてくれた師匠にささげます。
잔이 비면 바로 술을 **따라** 주는 게 좋아.	グラスが空になったらすぐに酒をつぐのがいい。
돈을 **꾼** 다음 안 갚으면 안 되지.	お金を借りて返さなかったら駄目でしょ。
사업을 하다가 진 빚을 드디어 모두 **갚았습니다**.	事業をしていて借りた借金をついに全て返しました。
세금을 제대로 **거두는** 것도 정부의 일 중 하나이다.	税金をちゃんと集めることも政府の仕事のうちの一つだ。
추우니까 외투라도 하나 **걸치고** 나오는 게 좋을 거야.	寒いのでコートでも一つ羽織って（引っ掛けて）出るのがいいと思うよ。
✉ 오랜만에 친구를 <u>만났더니</u> 회사 불만만 **늘어놓았다**.	久しぶりに友達に会ったら会社の不満ばかり並べ立てた。
날씨가 좋으니 배를 **띄워서** 강에서 놀고 싶다.	天気がいいので船を浮かべて川で遊びたい。
방이 어두워서 형광등을 **갈았다**.	部屋が暗いので蛍光灯を替えた。

動詞 08 _ 装着・取り付け～作成 [TR035]

0301 □□	**갖추다** [갇추다]	備える、整える、準備する

0302 □□	**마련하다** [마려나다]	準備する 活 하다用言 類 준비하다 関 마련되다 準備される

0303 □□	**박다** [박따]	打ち込む、差し込む 類 치다 対 뽑다 抜く

0304 □□	**꽂다** [꼳따]	差し込む、挿す 類 삽입하다 対 뽑다 抜く 関 꽂히다 差し込まれる

0305 □□	**끼다¹**	はめる、挟む、差し込む 対 빼다 取る

0306 □□	**품다** [품따]	抱く 類 안다

0307 □□	**메다**	担ぐ 類 지다

0308 □□	**업다** [업따]	背負う、おんぶする、担ぐ 類 지다 関 업히다 背負われる

0309 □□	**긋다** [귿따]	(線を) 引く、(マッチを) 擦る 活 ㅅ変則

0310 □□	**뚫다** [뚤타]	(穴を) 開ける、うがつ、突き抜く 関 뚫리다 (穴が) 開く

0311 □□	**베끼다**	書き写す、複写する

0312 □□	**저지르다**	やらかす、しでかす、(過ちを) 犯す 活 르変則

解説 0306 품고는、[품꼬]と発音 (語尾の濃音化) 。 0307 유럽여행は、[유럼녀행]と発音 (ㄴ挿入) 。 0309 싫은 일은は、[시른 니른]と発音 (ㄴ挿入) 。 0312 저지른 일은は、[저지른 니른]と発音 (ㄴ挿入) 。절대는、[절때]と発音 (漢字語の濃音化) 。

여기는 녹음하기 위한 모든 시설을 **갖추고** 있습니다.	ここは録音するための全ての施設を備えています。
결혼 후 아파트는 부모님이 **마련해** 주셨다.	結婚後、マンションは両親が準備してくださった。
산 꼭대기에 나무를 **박고** 이곳이 정상임을 알렸다.	山のてっぺんに木を打ち込んで、ここが頂上であることを知らせた。
전기 코드를 **꽂지** 않으면 컴퓨터가 움직이지 않죠.	電気コードを差さないとコンピューターが動かないでしょう。
짐을 나를 때는 장갑을 **끼고** 해야 한다.	荷物を運ぶときは手袋をはめてやらなければいけない。
発 아이를 <u>품고</u> 있는 엄마들이 병원에 많이 찾아왔다.	子どもを抱いている母親たちが病院にたくさん訪れた。
発 그때는 가방 하나만 **메고** <u>유럽여행</u>을 떠나던 시절이었다.	その時はかばん一つだけ担いで欧州旅行に行っていた時期だった。
몸이 아픈 아이를 **업은** 엄마가 병원에 급히 찾아왔다.	具合の悪い子を背負った母親が病院に急いでやってきた。
発 하기 싫은 일은 못 한다고 명확하게 선을 **그으세요**.	やりたくないことはできないとはっきりと線を引いてください。
자료가 너무 많아서 구멍을 **뚫어** 하나로 묶었다.	資料があまりに多いので穴を開けて一つにまとめた。
다른 사람의 것을 **베낀** 글이 작품은 아니죠.	他の人のものを書き写した文は作品じゃないでしょう。
超 네가 **저지른** 일을 <u>절대</u> 잊지 않고 있다.	君がやらかしたことを絶対に忘れないでいる。

0313 □□	**정중하다**	丁重だ、丁寧だ、厳重だ　漢 鄭重-- 活 하다用言　類 점잖다
0314 □□	**순하다** [수나다]	おとなしい、素直だ、(味が) 淡泊だ　漢 順-- 活 하다用言　対 독하다 きつい
0315 □□	**순진하다** [순지나다]	純真だ　漢 純真-- 活 하다用言
0316 □□	**성실하다** [성시라다]	誠実だ　漢 誠実-- 活 하다用言
0317 □□	**진지하다**	真摯だ、真剣だ　漢 真摯-- 活 하다用言
0318 □□	**세심하다** [세시마다]	細心だ、こまやかだ　漢 細心-- 活 하다用言
0319 □□	**수줍다** [수줍따]	内気だ、慎ましい、恥ずかしがり屋だ
0320 □□	**꾸준하다** [꾸주나다]	粘り強い、根気がある 活 하다用言　副 꾸준히
0321 □□	**끈질기다**	粘り強い
0322 □□	**올바르다**	正しい 活 르変則
0323 □□	**똑똑하다** [똑또카다]	賢い、しっかりしている、はっきりしている 活 하다用言
0324 □□	**차분하다** [차부나다]	落ち着いている、物静かだ 活 하다用言

解説　0321 **포기하지 않다니**は、**포기하다** (諦める) に**-지 않다**、**-다니**が付いた形。　0324 **성격이**は、[**성껴기**]と発音 (漢字語の濃音化)。

모르는 사람에게는 **정중한** 표현을 쓰세요.	知らない人には丁寧な表現を使ってください。
아기가 별로 울지도 않고 비교적 **순한** 편이에요.	子どもが特に泣きもせず、比較的おとなしい方です。
잘 모른다고 **순진한** 사람을 속이면 안 됩니다.	よく分からないからって純真な人をだましてはいけません。
그는 회사에서 **성실한** 사람으로 인정받았다.	彼は会社で誠実な人として認められた。
나의 **진지한** 물음에 그녀는 답을 못 했다.	私の真摯な問いに彼女は答えられなかった。
저 집 형은 동생들을 보살피는 **세심한** 마음이 좋다.	あの家のお兄さんは、弟たちの面倒を見るこまやかな心遣いがいい。
그 아이는 **수줍은** 미소를 보이며 다가왔다.	その子は恥ずかしそうなほほ笑みを見せながら近寄ってきた。
그는 어떤 상황에도 **꾸준한** 노력을 아끼지 않는다.	彼はどんな状況にも粘り強い努力を惜しまない。
🈡 아직도 포기하지 <u>않다니</u> 정말 **끈질기네요**.	まだ諦めないなんて本当に粘り強いですね。
일을 할 때에도 **올바른** 자세로 해야 병이 안 생깁니다.	仕事をする時も正しい姿勢でしてこそ病気になりません。
내 친구는 어렸을 때부터 **똑똑하다고** 소문이 났었다.	僕の友達は幼い頃から賢いとうわさになっていた。
🈡 그 사람은 <u>성격이</u> **차분해서** 이 일에 맞아요.	その人は性格が落ち着いていてこの仕事に合っています。

101

0325 □□	**지금껏**	今まで 漢 只今-
0326 □□	**오늘따라**	今日に限って
0327 □□	**속속** [속쏙]	続々 漢 続続
0328 □□	**차차**	だんだん、次第に、ようやく 漢 次次
0329 □□	**연달아** [연다라]	相次いで、立て続けに 漢 連--
0330 □□	**수없이** [수업씨]	数え切れないほど 漢 数-- 形 수없다
0331 □□	**끊임없이** [끄니멉씨]	絶え間なく、ひっきりなしに 形 끊임없다 類 계속
0332 □□	**내내**	ずっと、始終 類 줄곧
0333 □□	**한바탕**	ひとしきり、一幕
0334 □□	**종종**	時々、しばしば、たまに 漢 種種 類 이따금
0335 □□	**줄곧**	絶えず、ずっと、ひっきりなしに 類 내내
0336 □□	**곧잘** [곧짤]	しばしば、よく、かなりうまく 類 빈번이

解説 0325 **듣기나 한**는、듣다に**-기나 하다**が付いた形の過去連体形。 0329 **사건이**は、[사꺼니]と発音 (漢字語の濃音化)。 0331 **달성하기**は、[달썽하기]と発音 (漢字語の濃音化)。 0332 **멎는 줄 알았다**는、멎다 (止まる) に**-는 줄 알았다**が付いた形。

🅵 **지금껏** 내가 한 이야기를 제대로 <u>듣기나</u> 한 거야?

今まで私が話したことをちゃんと聞いてたの?

오늘따라 영업 전화가 많이 오네.

今日に限って営業の電話がたくさん来るね。

유명 연예인들이 **속속** 입장하고 있다.

有名芸能人たちが続々入場している。

어른이 되면 **차차** 알게 될 거라고 아버지가 말씀하셨다.

大人になるとだんだん分かると父がおっしゃった。

🅰 이상한 <u>사건이</u> **연달아** 일어났다.

おかしな事件が相次いで起きた。

하늘에는 **수없이** 많은 별들이 반짝이고 있다.

空には数え切れないほど多くの星がきらめいている。

🅰 목표를 <u>달성하기</u> 위해서는 **끊임없이** 노력해야 한다.

目標を達成するためには絶え間なく努力しなければいけない。

🅵 영화를 보는 **내내** 무서워서 정말 숨이 멎는 줄 알았다.

映画を見ている間ずっと、怖くて本当に息が止まるかと思った。

한바탕 소나기가 내리자 시원해졌다.

ひとしきり夕立が降ると涼しくなった。

기분이 우울할 때는 **종종** 쇼핑을 하러 나갑니다.

気分が憂鬱なときは時々ショッピングをしに出掛けます。

그는 고민이 많은지 **줄곧** 생각에 잠겨 있었다.

彼は悩みが多いのか、絶えず考えにふけっていた。

그는 **곧잘** 농담을 해서 우리들의 기분을 풀어 줬다.

彼はしばしば冗談を言って私たちの気分をほぐしてくれた。

25日目　[TR038]

□ 0289 몰아내다	몰아내고	몰아내면	몰아내니까	몰아내서
□ 0290 내보내다	내보내고	내보내면	내보내니까	내보내서
□ 0291 날리다¹	날리고	날리면	날리니까	날려서
□ 0292 바치다	바치고	바치면	바치니까	바쳐서
□ 0293 따르다 으語幹	따르고	따르면	따르니까	따라서
□ 0294 꾸다	꾸고	꾸면	꾸니까	꿔서
□ 0295 갚다	갚고	갚으면	갚으니까	갚아서
□ 0296 거두다	거두고	거두면	거두니까	거둬서
□ 0297 걸치다	걸치고	걸치면	걸치니까	걸쳐서
□ 0298 늘어놓다	늘어놓고	늘어놓으면	늘어놓으니까	늘어놓아서
□ 0299 띄우다	띄우고	띄우면	띄우니까	띄워서
□ 0300 갈다 ㄹ語幹	갈고	갈면	가니까	갈아서

26日目　[TR039]

□ 0301 갖추다	갖추고	갖추면	갖추니까	갖춰서
□ 0302 마련하다 하用	마련하고	마련하면	마련하니까	마련해서
□ 0303 박다	박고	박으면	박으니까	박아서
□ 0304 꽂다	꽂고	꽂으면	꽂으니까	꽂아서
□ 0305 끼다¹	끼고	끼면	끼니까	껴서
□ 0306 품다	품고	품으면	품으니까	품어서

用言の四つの活用形を掲載しました。活用が正則でない場合は、基本形の横に変則活用の種類をアイコンで示しました（アイコンの見方はP.010参照）。

□ 0307	메다		메고	메면	메니까	메서
□ 0308	업다		업고	업으면	업으니까	업어서
□ 0309	긋다	ㅅ変	긋고	그으면	그으니까	그어서
□ 0310	뚫다		뚫고	뚫으면	뚫으니까	뚫어서
□ 0311	베끼다		베끼고	베끼면	베끼니까	베껴서
□ 0312	저지르다	르変	저지르고	저지르면	저지르니까	저질러서

27日目 [TR040]

□ 0313	정중하다	하用	정중하고	정중하면	정중하니까	정중해서
□ 0314	순하다	하用	순하고	순하면	순하니까	순해서
□ 0315	순진하다	하用	순진하고	순진하면	순진하니까	순진해서
□ 0316	성실하다	하用	성실하고	성실하면	성실하니까	성실해서
□ 0317	진지하다	하用	진지하고	진지하면	진지하니까	진지해서
□ 0318	세심하다	하用	세심하고	세심하면	세심하니까	세심해서
□ 0319	수줍다		수줍고	수줍으면	수줍으니까	수줍어서
□ 0320	꾸준하다	하用	꾸준하고	꾸준하면	꾸준하니까	꾸준해서
□ 0321	끈질기다		끈질기고	끈질기면	끈질기니까	끈질겨서
□ 0322	올바르다	르変	올바르고	올바르면	올바르니까	올발라서
□ 0323	똑똑하다	하用	똑똑하고	똑똑하면	똑똑하니까	똑똑해서
□ 0324	차분하다	하用	차분하고	차분하면	차분하니까	차분해서

☐ 0253 **햇볕**

☐ 0254 **햇살**

☐ 0255 **그림자**

☐ 0256 **어둠**

☐ 0257 **꽃잎**

☐ 0258 **장미**

☐ 0259 **진달래**

☐ 0260 **벚꽃**

☐ 0261 **소나무**

☐ 0262 **잔디**

☐ 0263 **줄기**

☐ 0264 **마디**

☐ 0265 **제자리**

☐ 0266 **한데**

☐ 0267 **한가운데**

☐ 0268 **구석**

☐ 0269 **안팎**

☐ 0270 **겉**

☐ 0271 **부근**

☐ 0272 **근방**

☐ 0273 **행방**

☐ 0274 **곳곳**

☐ 0275 **꼭대기**

☐ 0276 **대문**

☐ 0277 **담**

☐ 0278 **안방**

☐ 0279 **거실**

☐ 0280 **천장**

☐ 0281 **온돌**

☐ 0282 **굴뚝**

☐ 0283 **인도**

☐ 0284 **모퉁이**

☐ 0285 **지름길**

☐ 0286 **칸**

☐ 0287 **자가용**

☐ 0288 **바퀴**

☐ 0289 **몰아내다**

☐ 0290 **내보내다**

☐ 0291 **날리다**[1]

☐ 0292 **바치다**

☐ 0293 **따르다**

☐ 0294 **꾸다**

次の韓国語の訳を書いてみましょう。分からなかった単語は、前に戻ってもう一度覚えましょう。

1週目
2週目
3週目
4週目
5週目
6週目
7週目
8週目
9週目
10週目
11週目
12週目

□ 0295 **갚다**

□ 0296 **거두다**

□ 0297 **걸치다**

□ 0298 **늘어놓다**

□ 0299 **띄우다**

□ 0300 **갈다**

□ 0301 **갖추다**

□ 0302 **마련하다**

□ 0303 **박다**

□ 0304 **꽂다**

□ 0305 **끼다**[1]

□ 0306 **품다**

□ 0307 **메다**

□ 0308 **업다**

□ 0309 **긋다**

□ 0310 **뚫다**

□ 0311 **베끼다**

□ 0312 **저지르다**

□ 0313 **정중하다**

□ 0314 **순하다**

□ 0315 **순진하다**

□ 0316 **성실하다**

□ 0317 **진지하다**

□ 0318 **세심하다**

□ 0319 **수줍다**

□ 0320 **꾸준하다**

□ 0321 **끈질기다**

□ 0322 **올바르다**

□ 0323 **똑똑하다**

□ 0324 **차분하다**

□ 0325 **지금껏**

□ 0326 **오늘따라**

□ 0327 **속속**

□ 0328 **차차**

□ 0329 **연달아**

□ 0330 **수없이**

□ 0331 **끊임없이**

□ 0332 **내내**

□ 0333 **한바탕**

□ 0334 **종종**

□ 0335 **줄곧**

□ 0336 **곧잘**

□ 0253 日光

□ 0254 日差し

□ 0255 影

□ 0256 暗闇

□ 0257 花びら

□ 0258 バラ

□ 0259 ツツジ

□ 0260 桜

□ 0261 松

□ 0262 芝

□ 0263 幹

□ 0264 節

□ 0265 元の場所

□ 0266 一カ所

□ 0267 真ん中

□ 0268 隅

□ 0269 内外

□ 0270 表

□ 0271 付近

□ 0272 近所

□ 0273 行方

□ 0274 あちこち

□ 0275 頂上

□ 0276 正門

□ 0277 塀

□ 0278 奥の間

□ 0279 居間

□ 0280 天井

□ 0281 オンドル

□ 0282 煙突

□ 0283 歩道

□ 0284 角

□ 0285 近道

□ 0286 囲まれた空間

□ 0287 自家用車

□ 0288 タイヤ

□ 0289 追い出す

□ 0290 出て行かせる

□ 0291 飛ばす

□ 0292 ささげる

□ 0293 つぐ

□ 0294 (お金などを)借りる

次の日本語に該当する単語を書いてみましょう。分からなかった単語は、前に戻ってもう一度覚えましょう。

□ 0295 （借りを）返す

□ 0296 集める

□ 0297 引っ掛ける

□ 0298 並べ立てる

□ 0299 浮かべる

□ 0300 替える

□ 0301 備える

□ 0302 準備する

□ 0303 打ち込む

□ 0304 差し込む

□ 0305 はめる

□ 0306 抱く

□ 0307 担ぐ

□ 0308 背負う

□ 0309 （線を）引く

□ 0310 （穴を）開ける

□ 0311 書き写す

□ 0312 やらかす

□ 0313 丁重だ

□ 0314 おとなしい

□ 0315 純真だ

□ 0316 誠実だ

□ 0317 真摯だ

□ 0318 細心だ

□ 0319 内気だ

□ 0320 粘り強い

□ 0321 粘り強い

□ 0322 正しい

□ 0323 賢い

□ 0324 落ち着いている

□ 0325 今まで

□ 0326 今日に限って

□ 0327 続々

□ 0328 だんだん

□ 0329 相次いで

□ 0330 数え切れないほど

□ 0331 絶え間なく

□ 0332 ずっと

□ 0333 ひとしきり

□ 0334 時々

□ 0335 絶えず

□ 0336 しばしば

01 危ないので、歩道を歩いてください。

02 地下鉄の駅に行くなら、この道が近道だよ。

03 日が暮れる時間になると、影が長くなるね。

04 居間が広い部屋を探していまして。

05 山の頂上から見た景色は本当に美しかった。

06 広場の真ん中で、一人で踊りを踊った。

07 この本は本棚に挿しておいてください。

08 本を出すなら、正しい内容を書く必要があります。

09 表向き、誠実なふりをしているだけですよ。

10 うちの猫は時々部屋の隅で寝ます。

4週目で学んだ単語を使って韓国語の作文をしてみましょう。

11 目を覚ますと知らない天井が見えて、驚いた。

12 サンタさんは煙突を通って家の中に入るといいます。

13 韓国に旅行に行ったら、オンドルのある部屋に泊まりたい。

14 今日に限ってなぜかタクシーが捕まらない。

15 町内のあちこちでそういううわさを聞いたよ。

16 酒に酔って寝ている大人を背負って歩くのは大変だ。

17 暗闇の中から何か音がするけど、怖くて見に行きたくない。

18 この近所には何もないから、市内まで行きましょう。

19 来月には必ず返すから、お金を貸してくれ。

20 王のために、部下たちは命をささげた。

» 解答は P.306

4 週目で新たに出てきた文法項目を確認しましょう。
右の列の数字は掲載番号です。

» 語尾・表現

-ㅁ으로써/-음으로써	〜することによって	0256
-는데도	〜しているのに、〜しているのにもかかわらず	0265
-ㄴ/-은 척하다	〜なふりをする	0270
-므로	〜するため・であるため	0286
-기나 하다	〜するだけでもする、せめて〜する	0325
-는 줄 알다	〜すると思う	0332

準2級

5週目

0337 □□	**놀이터** [노리터]	遊び場、公園
0338 □□	**무덤**	墓
0339 □□	**대합실** [대합씰]	待合室　漢待合室
0340 □□	**편도**	片道　漢片道
0341 □□	**건널목**	踏切
0342 □□	**표지판**	標識　漢標識板
0343 □□	**상가**	商店街　漢商街
0344 □□	**매장**	売り場　漢売場
0345 □□	**민박**	民宿　漢民泊
0346 □□	**헌책방** [헌책빵]	古本屋、古書店　漢-冊房
0347 □□	**포장마차**	屋台　漢布帳馬車
0348 □□	**법원** [버붠]	裁判所　漢法院

아이들이 **놀이터**에서 점점 사라지는 게 안타깝다.	子どもたちが遊び場からだんだん消えているのが残念だ。
돌아가신 할머니의 **무덤**에 잡초만 가득했다.	亡くなった祖母のお墓に、雑草ばかりがいっぱい生えていた。
사람들로 붐비는 **대합실**에서 둘은 다시 만났다.	人で混み合う待合室で、二人は再び出会った。
그 도시까지 **편도**로 얼마인지 아세요?	その都市まで片道でいくらかご存じですか?
건널목을 지날 때는 좌우를 살펴야 한다.	踏切を通るときは左右を確認しなければいけない。
표지판을 잘못 보고 길을 지나쳐 버렸다.	標識を見間違えて道を通り過ぎてしまった。
상가가 근처에 있어 생활에 편리하다.	商店街が近くにあって生活に便利だ。
오늘도 저희 **매장**에서 즐거운 쇼핑 하시기 바랍니다.	今日も当売り場で楽しい買い物をなさるよう願います。
호텔보다 **민박**이 싸니까 가끔 이용합니다.	ホテルより民宿の方が安いので時々利用します。
헌책방에서 내게 꼭 필요한 책을 구했다.	古本屋で私にとって必要な本を買った。
드라마처럼 꼭 **포장마차**에서 술 한잔하고 싶어요.	ドラマのように必ず屋台でお酒を飲みたいです。
이혼 서류를 접수하러 **법원**에 다녀오는 길입니다.	離婚書類を出しに裁判所に行ってくるところです。

1週目
2週目
3週目
4週目
5週目
6週目
7週目
8週目
9週目
10週目
11週目
12週目

0349	**밥상** [밥쌍]	食膳　漢-床
0350	**밥맛** [밤맏]	食欲、ご飯の味 類 입맛, 식욕
0351	**입맛** [임맏]	食欲、口当たり、味 類 밥맛, 식욕
0352	**안주**	酒のつまみ　漢 按酒
0353	**영양**	栄養　漢 営養
0354	**간**	塩加減
0355	**김**	湯気
0356	**탕**	スープ、汁　漢 湯
0357	**조림**	煮物、煮付け
0358	**만두**	ギョーザ　漢 饅頭
0359	**깍두기** [깍뚜기]	カクテキ
0360	**단무지**	たくあん

엄마가 **밥상**을 차리면 서둘러 와서 먹어야지.	ママが食膳を用意したら急いで来て食べないと。
몸이 아파서 그런지 **밥맛**이 전혀 없네요.	体調が悪いせいか、食欲が全然ありませんね。
감기에 걸려서 그런지 **입맛**이 없네요.	風邪にかかっているからか、食欲がありません。
술**안주**로는 마른 오징어와 땅콩이 그만이죠.	酒のつまみとしてはスルメイカとピーナツが最高でしょう。
요즘 아이들은 예전보다 **영양**이 너무 많아 문제죠.	最近の子どもたちは昔より栄養が多すぎて問題でしょう。
간이 맞는지 한번 맛을 봐 주세요.	塩加減が合っているか、一度味見してください。
금방 만든 국수라서 **김**이 난다.	出来たての麺なので湯気が出る。
소주를 마실 때는 **탕**이 좋죠.	焼酎を飲むときはスープがいいでしょう。
어머니는 반찬으로 **조림**을 많이 하셨다.	母はおかずとして煮物をたくさんお作りになった。
만두를 라면에 넣어서 끓여 먹으면 훨씬 맛있어요.	ギョーザをラーメンに入れて作って食べるとはるかにおいしいです。
설렁탕에는 **깍두기**만큼 어울리는 반찬도 없지요.	ソルロンタンにはカクテキほど似合うおかずもないでしょう。
단무지는 김밥 만들 때 빼놓을 수 없죠.	たくあんはのり巻きを作るときに欠かせないでしょう。

名詞 16 _ 食べ物

[TR043]

0361	**식빵**	食パン 漢 食-
0362	**통조림**	缶詰 漢 桶--
0363	**젖** [전]	乳
0364	**땅콩**	ピーナツ
0365	**생수**	ミネラルウオーター 漢 生水
0366	**사탕**	あめ、キャンデー 漢 砂糖
0367	**빙수**	かき氷 漢 氷水
0368	**인삼**	朝鮮ニンジン 漢 人参
0369	**미역**	わかめ
0370	**벼**	稲
0371	**보리**	麦
0372	**메밀**	そば

解説   0365 **더운 여름에는**は、[**더운 녀르메는**]と発音（ㄴ挿入）。 0367 **인기**は、[**인끼**]と発音（漢字語の濃音化）。 0370 **익으면 익을수록**は、**익다**に-**으면** -**을수록**が付いた形。

아침에 바쁠 때는 **식빵**에 마요네즈만 발라 먹습니다.	朝忙しいときは食パンにマヨネーズだけ塗って食べます。
통조림은 밥하기 싫을 때 먹으면 편리하다.	缶詰はご飯を作りたくないとき食べると便利だ。
젖이 잘 안 나와서 아이 키우기가 힘들어요.	乳があまり出ないので、子どもを育てるのが大変です。
맥주에는 무엇보다 안주로 **땅콩**이 제일이지요.	ビールには何よりつまみとしてピーナツが一番でしょう。
発 더운 여름에는 꼭 **생수**를 가지고 다니세요.	暑い夏には必ずミネラルウオーターを持ち歩いてください。
아이에게 **사탕**을 너무 많이 주면 충치가 쉽게 생깁니다.	子どもにあめをやりすぎると虫歯になりやすいです。
発 **빙수** 가게가 인기여서 들어갈 자리가 없었다.	かき氷屋が人気なので席がなかった。
인삼은 몸에 좋다고 하니 잘 씹어서 드세요.	朝鮮ニンジンは体にいいというので、よくかんで召し上がってください。
한국에서는 생일이 되면 **미역**국을 먹는다고 한다.	韓国では誕生日になるとわかめスープを飲むそうだ。
文 **벼**는 익으면 익을수록 고개를 숙인다고 겸손해져라.	稲は熟せば熟すほど頭を下げると言うし、謙虚になれ。
옛날에는 쌀뿐만 아니라 **보리**도 섞어서 밥을 지었다.	昔は米だけでなく麦も混ぜてご飯を炊いた。
메밀국수를 먹을 때는 나무 젓가락이 좋아요.	そばを食べるときは木の箸がいいですよ。

動詞 09 _ 対象との接触・接近 　[TR044]

0373 □□	**닥치다**	近づく、差し迫る

0374 □□	**뒤따르다**	後を追う、後に従う 活 으語幹　類 쫓다

0375 □□	**따라잡다** [따라잡따]	追い付く

0376 □□	**쫓다** [쫃따]	追い掛ける、追う、追い払う、追い詰める 関 쫓기다 追われる

0377 □□	**둘러싸다**	巡る、取り囲む、巡らす

0378 □□	**달려들다**	飛び付く、飛び掛かる、飛び込む 活 ㄹ語幹　類 덤비다

0379 □□	**두드리다**	たたく 類 치다

0380 □□	**밀다**	押す、推す 活 ㄹ語幹　対 당기다 引く

0381 □□	**기대다**	もたれる、寄り掛かる、頼る

0382 □□	**부딪치다** [부딛치다]	(～と) ぶつかる、(～に～を) ぶつける 類 충돌하다

0383 □□	**부딪히다** [부디치다]	(～に) ぶつかる

0384 □□	**붙잡다** [붇짭따]	引き留める、握る、捕まえる、つかむ 対 놓다 放す

解説　0373 **하게 마련이다**は、**하다** (やる) に**-게 마련이다**が付いた形。 0375 **1등**は、[**일뜽**]と発音 (漢字語の濃音化)。 0377 **않습니다**は、[**안씁니다**]と発音 (語尾の濃音化)。 0381 **선 채**は、**서다** (立つ) に**-ㄴ 채**が付いた形。

막상 일이 **닥치면** 어떻게 해서든 하게 마련이다.	いざ、ことが近づけば、どうにかしてでもやるものだ。
내가 밥을 먹자 후배들도 **뒤따라** 먹기 시작했다.	私がご飯を食べるや、後輩たちも後を追って食べ始めた。
끊임없는 노력으로 1등을 **따라잡았다.**	たゆまぬ努力で1位に追い付いた。
아이가 나비를 **쫓아** 뛰어다녔다.	子どもがチョウを追い掛けて走り回った。
오늘날 우리나라를 **둘러싼** 경제 환경이 좋지는 않습니다.	今日、韓国を巡る経済環境が良くはありません。
개들이 배가 고팠는지 닭고기를 주자 무섭게 **달려들었다.**	犬がおなかがすいていたのか、鳥肉をやるとすぐに飛び付いた。
문을 **두드리니** 가게 주인이 밖으로 나왔다.	ドアをたたくと店の主人が外に出てきた。
버스 안이 좁은데 자꾸 앞으로 **밀면** 어떡합니까?	バスの中が狭いのに、しきりに前に押してどうするのですか?
친구는 벽에 **기대서** 선 채 나를 기다리고 있었다.	友達は壁にもたれて立ったまま、私を待っていた。
스마트폰을 보고 가다가 다른 사람과 **부딪쳤다.**	スマートフォンを見て歩いていたら他の人とぶつかった。
파도가 바위에 **부딪히는** 소리 듣는 것을 좋아해요.	波が岩にぶつかる音を聞くのが好きです。
유학 전에 엄마는 나를 **붙잡고** 몸조심하라고 했다.	留学前に母は僕を引き留めて体を大事にしろと言った。

0385 **붙들다**
□□ [붇뜰다]

捕まえる、つかむ、引き留める
活 ㄹ語幹 類 매달리다

0386 **몰다**
□□

運転する、追う、追いやる
活 ㄹ語幹 関 몰리다 追われる

0387 **거치다**
□□

立ち寄る、経る、経由する

0388 **넘어서다**
□□ [너머서다]

越える、切り抜ける、通り越す
類 초월하다

0389 **뒤지다**
□□

あさる、くまなく探す

0390 **마주치다**
□□

出くわす、ぶつかる、目が合う、目を合わす

0391 **가리다¹**
□□

遮る、覆う
類 덮다

0392 **손꼽다**
□□ [손꼽따]

指折り数える、~の中に数えられる

0393 **노리다**
□□

狙う、にらむ

0394 **달라붙다**
□□ [달라붇따]

ぴったりくっつく、へばり付く

0395 **덤비다**
□□

飛び掛かる、つっかかる

0396 **뒤떨어지다**
□□ [뒤떠러지다]

遅れる、劣る、引けをとる

解説 | 0390 **마주치다니**は、**마주치다**に**-다니**が付いた形。

122

가게를 나서려는 순간 경찰이 그 사람을 **붙들었다**.	店を出ようとした瞬間、警察がその人を捕まえた。
지하철이 복잡해서 저는 차를 **몰고** 출근합니다.	地下鉄が複雑なので私は車を運転して出勤します。
이 비행기는 도쿄를 **거쳐서** 서울로 갑니다.	この飛行機は東京を経由してソウルに行きます。
이제 스승을 **넘어서는** 실력을 갖추게 되었습니다.	今では師匠を越える実力を持つようになりました。
경찰이 갑자기 내 가방을 **뒤지기** 시작했다.	警察が急に僕のかばんをあさり始めた。
▣ 보기 싫은 사람을 하필 그곳에서 **마주치다니**.	会いたくない人によりによってそこで出くわすなんて。
햇빛을 **가리기** 위해 손을 들어 올렸다.	日差しを遮るため、手を上げた。
어렸을 때는 명절을 **손꼽아** 기다렸지.	小さい頃は節句を指折り数えて待ったよ。
그 여자를 **노리는** 사람이 한둘이 아니다.	あの女性を狙う人が1人や2人じゃない。
아이들은 아빠가 오자 한꺼번에 **달라붙었다**.	子どもたちはパパが来るといっぺんにぴったりくっついた。
상대를 깔보고 **덤비면** 크게 다칠 수 있어.	相手を見下して飛び掛かると大けがすることがある。
시대에 **뒤떨어지는** 사고방식은 버려라.	時代遅れの考え方は捨てろ。

0397 □□	**능숙하다** [능수카다]	巧みだ、上手だ、熟練している　漢 能熟-- 活 하다用言
0398 □□	**씩씩하다** [씩씨카다]	りりしい、男らしい 活 하다用言
0399 □□	**활발하다** [활바라다]	活発だ　漢 活発-- 活 하다用言　類 기운차다
0400 □□	**용감하다** [용가마다]	勇敢だ　漢 勇敢-- 活 하다用言
0401 □□	**당당하다** [당당하다]	堂々としている　漢 堂堂-- 活 하다用言
0402 □□	**믿음직하다** [미듬지카다]	頼もしい 活 하다用言
0403 □□	**깔끔하다** [깔끄마다]	さっぱりしている 活 하다用言
0404 □□	**엄격하다** [엄껴카다]	厳格だ、厳しい　漢 厳格-- 活 하다用言
0405 □□	**엄하다** [어마다]	厳しい　漢 厳-- 活 하다用言
0406 □□	**독하다** [도카다]	意志が強い、強い、きつい、毒がある　漢 毒-- 活 하다用言　名 독　類 모질다　対 순하다 おとなしい
0407 □□	**사납다** [사납따]	荒っぽい 活 ㅂ変則
0408 □□	**조급하다** [조그파다]	せっかちだ　漢 躁急-- 活 하다用言

解説　0397 **말솜씨**は、[**말쏨씨**]と発音（合成語の濃音化）。**설득했다**は、[**설뜨캔따**]と発音（漢字語の濃音化）。　0401 **만나더라도**は、만나다（会う）に-더라도が付いた形。　0404 **엄격하다**は、[**엄껴카다**]と発音（漢字語の濃音化）。　0406 **끊다니**は、끊다（やめる）に-다니が付いた形。**독하구나**は、독하다に-구나が付いた形。　0407 **사납기로**は、사납다 ↗

発 그는 **능숙한** 말솜씨로 고객을 설득했다. | 彼は巧みな話術で顧客を説得した。

오늘 군대 가는 아들은 **씩씩하게** 인사하고 나갔다. | 今日軍隊に行く息子はりりしくあいさつして出て行った。

두 나라는 경제와 문화 교류가 **활발하다.** | 両国は経済と文化交流が活発だ。

시민의 **용감한** 행동이 많은 사람을 구했다. | 市民の勇敢な行動が多くの人を救った。

文 나는 언제 누구를 만나더라도 **당당해.** | 私はいつ誰と会っても堂々としている。

믿음직한 아들을 둬서 좋으시겠어요. | 頼もしい息子を持ってうれしいでしょうね。

집안이 **깔끔해서** 보기 좋네요. | 家の中がさっぱりしていて見掛けがいいですね。

発 그 학교는 학생들의 성적 관리가 **엄격하다.** | その学校は生徒の成績管理が厳格だ。

아버지의 **엄한** 꾸짖음에 눈물이 나왔다. | 父の厳しい叱りに涙が出た。

文 담배를 단번에 끊다니 너도 정말 **독하구나.** | たばこを一度でやめるなんて、君も本当に意志が強いな。

文 호랑이는 **사납기로** 유명한 동물이다. | 虎は荒っぽいことで有名な動物だ。

発 **조급한** 성격 때문에 일을 망칠 때가 많아. | せっかちな性格のせいで仕事を台無しにすることが多い。

に-**기로**が付いた形。 0408 **성격**は、[성껵]と発音 (漢字語の濃音化) 。

125

0409 □□	**이리**	こちらに、このように
0410 □□	**저리**	あちらに、あのように
0411 □□	**그저**	ただ、ひたすらに
0412 □□	**그럭저럭** [그럭쩌럭]	どうにか、どうにかこうにか、どうやら
0413 □□	**서서히**	徐々に 漢 徐徐-
0414 □□	**은근히** [은그니]	ひそかに、何となく 漢 慇懃- 形 은근하다
0415 □□	**살짝**	そっと、こっそり、ちらっと、さっと 類 살며시
0416 □□	**몰래**	こっそり、ひそかに 類 슬쩍
0417 □□	**멍하니**	ぼうっと
0418 □□	**능히**	十分に、よく 漢 能-
0419 □□	**골고루**	均等に
0420 □□	**번갈아** [번가라]	交互に、交替で、代わる代わる 漢 番--

이리 오시면 근사한 저녁 식사를 하실 수 있습니다.

こちらにいらっしゃるとすてきな夕ご飯を召し上がれます。

옆에서 담배를 피우니 **저리**로 자리를 옮깁시다.

隣でたばこを吸っているのであちらに席を移しましょう。

좋아하는 사람이 있지만 **그저** 바라만 볼 뿐입니다.

好きな人がいるけど、ただ眺めるだけです。

그럭저럭 먹고 살고 있어.

どうにか食べて生きている。

해가 지면서 하늘이 **서서히** 붉게 변했다.

日が落ちるにつれて空が徐々に赤く変わった。

그 남자가 고백하기를 **은근히** 기다렸어.

その男性が告白することをひそかに待っていた。

빵 위에 초콜릿을 **살짝** 얹어서 케이크를 만들었어요.

パンの上にチョコレートをそっと乗せてケーキを作りました。

배가 고파서 밤에 **몰래** 나와 라면을 끓여 먹었다.

おなかがすいて、夜にこっそり出てきてラーメンを作って食べた。

그렇게 **멍하니** 있지 말고 좀 도와줘.

そうやってぼうっとしてないでちょっと手伝って。

너라면 **능히** 그 일을 해 낼 수 있을 거야.

君だったら十分にその仕事をやり遂げることができるだろう。

좋아하는 반찬만 먹지 말고 **골고루** 먹어야 합니다.

好きなおかずだけ食べずに均等に食べなければいけません。

역할을 바꿔서 **번갈아** 읽어 보세요.

役割を換えて交互に読んでみなさい。

127

32日目 [TR048]

□ 0373	닦치다	닦치고	닦치면	닦치니까	닦쳐서
□ 0374	뒤따르다 으語幹	뒤따르고	뒤따르면	뒤따르니까	뒤따라서
□ 0375	따라잡다	따라잡고	따라잡으면	따라잡으니까	따라잡아서
□ 0376	쫓다	쫓고	쫓으면	쫓으니까	쫓아서
□ 0377	둘러싸다	둘러싸고	둘러싸면	둘러싸니까	둘러싸서
□ 0378	달려들다 ㄹ語幹	달려들고	달려들면	달려드니까	달려들어서
□ 0379	두드리다	두드리고	두드리면	두드리니까	두드려서
□ 0380	밀다 ㄹ語幹	밀고	밀면	미니까	밀어서
□ 0381	기대다	기대고	기대면	기대니까	기대서
□ 0382	부딪치다	부딪치고	부딪치면	부딪치니까	부딪쳐서
□ 0383	부딪히다	부딪히고	부딪히면	부딪히니까	부딪혀서
□ 0384	붙잡다	붙잡고	붙잡으면	붙잡으니까	붙잡아서

33日目 [TR049]

□ 0385	붙들다 ㄹ語幹	붙들고	붙들면	붙드니까	붙들어서
□ 0386	몰다 ㄹ語幹	몰고	몰면	모니까	몰아서
□ 0387	거치다	거치고	거치면	거치니까	거쳐서
□ 0388	넘어서다	넘어서고	넘어서면	넘어서니까	넘어서서
□ 0389	뒤지다	뒤지고	뒤지면	뒤지니까	뒤져서
□ 0390	마주치다	마주치고	마주치면	마주치니까	마주쳐서

用言の四つの活用形を掲載しました。活用が正則でない場合は、基本形の横に変則活用の種類をアイコンで示しました（アイコンの見方はP.010参照）。

□ 0391	**가리다**[1]	가리고	가리면	가리니까	가려서
□ 0392	**손꼽다**	손꼽고	손꼽으면	손꼽으니까	손꼽아서
□ 0393	**노리다**	노리고	노리면	노리니까	노려서
□ 0394	**달라붙다**	달라붙고	달라붙으면	달라붙으니까	달라붙어서
□ 0395	**덤비다**	덤비고	덤비면	덤비니까	덤벼서
□ 0396	**뒤떨어지다**	뒤떨어지고	뒤떨어지면	뒤떨어지니까	뒤떨어져서

34日目　[TR050]

□ 0397	**능숙하다** 하用	능숙하고	능숙하면	능숙하니까	능숙해서
□ 0398	**씩씩하다** 하用	씩씩하고	씩씩하면	씩씩하니까	씩씩해서
□ 0399	**활발하다** 하用	활발하고	활발하면	활발하니까	활발해서
□ 0400	**용감하다** 하用	용감하고	용감하면	용감하니까	용감해서
□ 0401	**당당하다** 하用	당당하고	당당하면	당당하니까	당당해서
□ 0402	**믿음직하다** 하用	믿음직하고	믿음직하면	믿음직하니까	믿음직해서
□ 0403	**깔끔하다** 하用	깔끔하고	깔끔하면	깔끔하니까	깔끔해서
□ 0404	**엄격하다** 하用	엄격하고	엄격하면	엄격하니까	엄격해서
□ 0405	**엄하다** 하用	엄하고	엄하면	엄하니까	엄해서
□ 0406	**독하다** 하用	독하고	독하면	독하니까	독해서
□ 0407	**사납다** ㅂ変	사납고	사나우면	사나우니까	사나워서
□ 0408	**조급하다** 하用	조급하고	조급하면	조급하니까	조급해서

□ 0337 **놀이터**

□ 0338 **무덤**

□ 0339 **대합실**

□ 0340 **편도**

□ 0341 **건널목**

□ 0342 **표지판**

□ 0343 **상가**

□ 0344 **매장**

□ 0345 **민박**

□ 0346 **헌책방**

□ 0347 **포장마차**

□ 0348 **법원**

□ 0349 **밥상**

□ 0350 **밥맛**

□ 0351 **입맛**

□ 0352 **안주**

□ 0353 **영양**

□ 0354 **간**

□ 0355 **김**

□ 0356 **탕**

□ 0357 **조림**

□ 0358 **만두**

□ 0359 **깍두기**

□ 0360 **단무지**

□ 0361 **식빵**

□ 0362 **통조림**

□ 0363 **젖**

□ 0364 **땅콩**

□ 0365 **생수**

□ 0366 **사탕**

□ 0367 **빙수**

□ 0368 **인삼**

□ 0369 **미역**

□ 0370 **벼**

□ 0371 **보리**

□ 0372 **메밀**

□ 0373 **닥치다**

□ 0374 **뒤따르다**

□ 0375 **따라잡다**

□ 0376 **쫓다**

□ 0377 **둘러싸다**

□ 0378 **달려들다**

次の韓国語の訳を書いてみましょう。分からなかった単語は、前に戻ってもう一度覚えましょう。

☐ 0379 두드리다

☐ 0380 밀다

☐ 0381 기대다

☐ 0382 부딪치다

☐ 0383 부딪히다

☐ 0384 붙잡다

☐ 0385 붙들다

☐ 0386 몰다

☐ 0387 거치다

☐ 0388 넘어서다

☐ 0389 뒤지다

☐ 0390 마주치다

☐ 0391 가리다¹

☐ 0392 손꼽다

☐ 0393 노리다

☐ 0394 달라붙다

☐ 0395 덤비다

☐ 0396 뒤떨어지다

☐ 0397 능숙하다

☐ 0398 씩씩하다

☐ 0399 활발하다

☐ 0400 용감하다

☐ 0401 당당하다

☐ 0402 믿음직하다

☐ 0403 깔끔하다

☐ 0404 엄격하다

☐ 0405 엄하다

☐ 0406 독하다

☐ 0407 사납다

☐ 0408 조급하다

☐ 0409 이리

☐ 0410 저리

☐ 0411 그저

☐ 0412 그럭저럭

☐ 0413 서서히

☐ 0414 은근히

☐ 0415 살짝

☐ 0416 몰래

☐ 0417 멍하니

☐ 0418 능히

☐ 0419 골고루

☐ 0420 번갈아

☐ 0337 遊び場	☐ 0358 ギョーザ
☐ 0338 墓	☐ 0359 カクテキ
☐ 0339 待合室	☐ 0360 たくあん
☐ 0340 片道	☐ 0361 食パン
☐ 0341 踏切	☐ 0362 缶詰
☐ 0342 標識	☐ 0363 乳
☐ 0343 商店街	☐ 0364 ピーナツ
☐ 0344 売り場	☐ 0365 ミネラルウオーター
☐ 0345 民宿	☐ 0366 あめ
☐ 0346 古本屋	☐ 0367 かき氷
☐ 0347 屋台	☐ 0368 朝鮮ニンジン
☐ 0348 裁判所	☐ 0369 わかめ
☐ 0349 食膳	☐ 0370 稲
☐ 0350 食欲	☐ 0371 麦
☐ 0351 食欲	☐ 0372 そば
☐ 0352 酒のつまみ	☐ 0373 近づく
☐ 0353 栄養	☐ 0374 後を追う
☐ 0354 塩加減	☐ 0375 追い付く
☐ 0355 湯気	☐ 0376 追い掛ける
☐ 0356 スープ	☐ 0377 巡る
☐ 0357 煮物	☐ 0378 飛びつく

次の日本語に該当する単語を書いてみましょう。分からなかった単語は、前に戻ってもう一度覚えましょう。

□ 0379 たたく

□ 0380 押す

□ 0381 もたれる

□ 0382 （〜と）ぶつかる

□ 0383 （〜に）ぶつかる

□ 0384 引き留める

□ 0385 捕まえる

□ 0386 運転する

□ 0387 立ち寄る

□ 0388 越える

□ 0389 あさる

□ 0390 出くわす

□ 0391 遮る

□ 0392 指折り数える

□ 0393 狙う

□ 0394 ぴったりくっつく

□ 0395 飛び掛かる

□ 0396 遅れる

□ 0397 巧みだ

□ 0398 りりしい

□ 0399 活発だ

□ 0400 勇敢だ

□ 0401 堂々としている

□ 0402 頼もしい

□ 0403 さっぱりしている

□ 0404 厳格だ

□ 0405 厳しい

□ 0406 意志が強い

□ 0407 荒っぽい

□ 0408 せっかちだ

□ 0409 こちらに

□ 0410 あちらに

□ 0411 ただ

□ 0412 どうにか

□ 0413 徐々に

□ 0414 ひそかに

□ 0415 そっと

□ 0416 こっそり

□ 0417 ぼうっと

□ 0418 十分に

□ 0419 均等に

□ 0420 交互に

1週目
2週目
3週目
4週目
5週目
6週目
7週目
8週目
9週目
10週目
11週目
12週目

01 真夏に食べるかき氷は最高ですよ。

02 コンビニに行ってミネラルウオーターを買ってきました。

03 どうして片道のチケットを買ったんですか?

04 あめがたくさんあるので、持って行ってください。

05 夏は麦茶を作って冷蔵庫に入れておきます。

06 締め切りが近づいてきていますが、まだ何もしていません。

07 信号が変わって、車が徐々に動き始めた。

08 あの二人は他人なのに何となく似ている。

09 荒っぽい性格のせいであまり友達がいない。

10 案内は任せてくれとのことだったが、頼もしいね。

11 この駅の待合室はエアコンがあって冬でも暖かいですね。

12 ソウル市内は地下鉄が多く、踏切をあまり見掛けません。

13 食品売り場は何階にありますか?

14 猫を追い掛けていたら、知らない所に来てしまいました。

15 まだ時間がかかるので、その人を引き留めておいてくれ。

16 危険なので、壁に寄り掛かないでください。

17 塩を入れて均等にかき混ぜながら塩加減を調節してください。

18 ぼうっとしているのも健康にいいらしいですよ。

19 遊び場で活発に遊んでいるあの子は私のおいです。

20 つまみなしでお酒を飲めと言うんですか?

» 解答は P.306

» 語尾・表現

-면/-으면 -ㄹ수록/-을 수록	~すれば~するほど・~であれば~であるほど	0370
-게 마련이다	~するものだ・であるものだ、~するに決まっている・であるに決まっている	0373
-ㄴ/-은 채	~したまま	0381
-더라도	~しても	0401
-구나	~だな、~なのだな	0406
-기로	~することで・なことで	0407

準2級

6 週目

0421 □□	**깨**	ごま
0422 □□	**옥수수** [옥쑤수]	トウモロコシ
0423 □□	**콩**	豆、大豆
0424 □□	**콩나물**	豆モヤシ
0425 □□	**팥** [팓]	小豆
0426 □□	**채소**	野菜 　漢 菜蔬 類 푸성귀
0427 □□	**호박**	カボチャ、ズッキーニ
0428 □□	**버섯** [버섣]	キノコ
0429 □□	**시금치**	ホウレンソウ
0430 □□	**상추**	サンチュ、チシャ、サニーレタス
0431 □□	**양상추**	レタス 　漢 洋--
0432 □□	**피망**	ピーマン 　外 piment

解説　0424 **콩나물국이**は、[**콩나물꾸기**]と発音 (合成語の濃音化)。　0429 **비빔밥에**は、[**비빔빠베**]と発音 (合成語の濃音化)。

라면에 **깨**를 뿌려서 먹으면 맛있다.	ラーメンにごまを振って食べるとおいしい。
배가 고플 때 **옥수수**라도 삶아서 먹으면 괜찮아진다.	おなかがすいたときはトウモロコシでもゆでて食べれば大丈夫になる。
쌀에 **콩**을 넣고 밥을 지으면 맛있어요.	米に豆を入れてご飯を炊くとおいしいです。
_発 술을 마시고 속을 달래는 데는 **콩나물국**이 최고지요.	酒を飲んでから胃を整えるには豆もやしスープが最高でしょう。
겨울에 어머니가 해 주신 **팥죽**이 생각난다.	冬に母が作ってくださった小豆がゆが思い出される。
농장에 가서 **채소**를 기르는 것이 저의 즐거움입니다.	農場に行って野菜を育てることが私の楽しみです。
호박을 끓여서 죽을 만들어 먹어도 맛있죠.	カボチャを煮ておかゆを作って食べてもおいしいでしょう。
버섯은 불고기에 잘 어울리는 음식 재료입니다.	キノコはプルコギによく合う料理の材料です。
_発 비빔밥에 **시금치**가 들어가야 씹는 맛이 생긴다.	ビビンバにホウレンソウが入っていてこそ歯応えが生まれる。
삼겹살에는 **상추**와 마늘이 꼭 필요합니다.	サムギョプサルにはサンチュとニンニクが必ず必要です。
양상추 샐러드를 만들어서 고기와 함께 먹었어요.	レタスサラダを作って肉と一緒に食べました。
피자에 **피망**이 들어가면 훨씬 맛있다.	ピザにピーマンが入っているととてもおいしい。

名詞 18 _ 食べ物

0433 □□	**설렁탕**	ソルロンタン 漢 --湯
0434 □□	**열매**	実、果実、木の実
0435 □□	**복숭아** [복쑹아]	桃
0436 □□	**해물**	海産物 漢 海物
0437 □□	**참치**	マグロ、ツナ、ツムブリ
0438 □□	**다랑어**	マグロ
0439 □□	**대구**	タラ 漢 大口
0440 □□	**명태**	スケトウダラ、明太 漢 明太
0441 □□	**조개**	貝
0442 □□	**게**	カニ
0443 □□	**낙지** [낙찌]	タコ
0444 □□	**새우**	エビ

解説 0433 **좋습니다**は、[**조씁니다**]と発音 (語尾の濃音化)。 0436 **좋습니다**は、[**조씁니다**]と発音 (語尾の濃音化)。 0441 **인기**は、[**인끼**]と発音 (漢字語の濃音化)。

140

発 술이 안 깬 아침에는 **설렁탕**이 속을 푸는 데 좋습니다.

酔いが覚めていない朝は、ソルロンタンが酔い覚ましにいいです。

과일의 **열매**는 충분히 익기까지 기다릴 줄 알아야 한다.

果物の実は十分に熟すまで待たなければいけない。

복숭아 껍질을 벗기고 차와 함께 먹으면 정말 맛있다.

桃の皮をむいてお茶と一緒に食べると本当においしい。

嚥 여름철 **해물**은 익혀 먹는 게 좋습니다.

夏の海産物は火を通して食べるのがいいです。

참치는 내가 제일 좋아하는 회입니다.

マグロは私が一番好きな刺し身です。

다랑어는 겨울철에 맛이 더 좋다.

マグロは冬がよりおいしい。

대구는 추운 겨울에 잘 잡히는 생선입니다.

タラは寒い冬によく取れる魚です。

명태를 국에 넣어 끓이면 깔끔한 맛이 난다.

スケトウダラをスープに入れて煮るとさっぱりした味が出る。

発 한때 유행했던 **조개**구이가 요즘은 별로 인기가 없다.

いっとき流行していた焼き貝が最近はあまり人気がない。

모처럼 바다에 왔으니 **게**요리를 실컷 먹고 싶다.

せっかく海に来たのだから、カニ料理を思う存分食べたい。

그 지역은 **낙지**를 날로 먹는 걸 좋아한다.

その地域はタコを生で食べるのを好む。

새우는 알레르기가 있어서 다른 것으로 먹을게요.

エビはアレルギーがあるので他の物を食べます。

0445 **짐승** □□	獣	
0446 **애완동물** □□	ペット　漢愛玩動物	
0447 **강아지** □□	子犬、小犬 関개 犬	
0448 **코끼리** □□	ゾウ	
0449 **곰** □□	クマ	
0450 **사슴** □□	鹿	
0451 **염소** □□	ヤギ	
0452 **사자** □□	ライオン　漢獅子	
0453 **범** □□	虎 類호랑이	
0454 **여우** □□	キツネ	
0455 **너구리** □□	タヌキ	
0456 **고래** □□	クジラ	

解説　0445 울음소리는、[우름쏘리]と発音 (合成語の濃音化)。　0449 나타나는 일이는、[나타나는 니리]と発音 (ㄴ挿入)。　0452 먹고 나면은、먹다 (食べる) に-고 나면が付いた形。

発 밤이 되자 **짐승**의 울음소리가 들려 왔다.	夜になると獣の鳴き声が聞こえてきた。
애완동물을 요즘에는 반려동물이라 부른다.	ペットのことを最近は伴侶動物と呼ぶ。
홀로 살게 되면서 **강아지**를 집에 들였습니다.	一人で暮らすようになって子犬を家に迎えました。
동물원에서 본 **코끼리**는 사납지 않고 순해 보였다.	動物園で見たゾウは荒っぽくなくておとなしそうに見えた。
発 여기는 갑자기 **곰**이 나타나는 일이 있다고 합니다.	ここは突然クマが現れることがあるそうです。
사슴 공원에 가면 사람들이 먹이를 사서 준다.	鹿のいる公園に行くと、人が餌を買ってやっている。
염소와 돼지, 소를 보러 시골에 갔다.	ヤギと豚、牛を見に田舎に行った。
文 **사자**들은 먹이를 먹고 나면 누워서 잠만 잔다.	ライオンは餌を食べると横になって眠る。
옛날에는 산에서 **범**과 마주칠 수도 있었다.	昔は山で虎に出くわすこともあった。
그 사람은 하는 짓이 꼭 **여우** 같아서 정말 미워요.	その人はやることが全部キツネみたいで本当に大嫌いです。
요즘 시골에서 **너구리**를 보기 힘들다.	最近、田舎でタヌキをなかなか見られない。
고래를 보려고 배를 타고 먼 바다로 갔다.	クジラを見ようと船に乗って遠い海に行った。

6週目

動詞 11 _ 働き掛け

0457 □□	**달래다**	なだめる、慰める、あやす 類 위로하다
0458 □□	**조르다**	せがむ、ねだる、急き立てる、催促する 活 르変則
0459 □□	**청하다**	請う 漢 請-- 活 하다用言
0460 □□	**초청하다**	招待する、招請する 漢 招請-- 活 하다用言
0461 □□	**대접하다** [대저파다]	もてなす 漢 待接-- 活 하다用言
0462 □□	**돌보다**	面倒を見る、世話をする、保護する 類 보살피다
0463 □□	**염려하다** [염녀하다]	気遣う、心配する 漢 念慮-- 活 하다用言
0464 □□	**어기다**	(約束などを) 破る、たがえる、背く
0465 □□	**다투다**	争う、言い争う 類 싸우다 関 경쟁하다 競争する
0466 □□	**삼다** [삼따]	(〜に) する、見なす
0467 □□	**깔보다**	見下す、侮る
0468 □□	**따지다**	問いただす、問い詰める、なじる、計算する

解説　0457 **달래는 일이**は、[달래는 니리]と発音 (ㄴ挿入) 。　0458 **조르는 탓에**は、조르다に-는 탓에が付いた形。　0462 **돌보는 일은**は、[돌보는 니른]と発音 (ㄴ挿入) 。피곤한 일입니다는、[피고난 니림니다]と発音 (ㄴ挿入) 。　0464 **않습니다**는、[안씀니다]と発音 (語尾の濃音化) 。　0466 **삼고**는、[삼꼬]と発音 (語尾の濃音化) 。　0467 **깔보더니**는、↗

우는 아이를 **달래는** 일이 보통 일이 아니다.	泣く子をなだめるのは普通のことではない。
아이가 놀러 나가자고 **조르는** 탓에 집을 나섰다.	子どもが遊びに行こうとせがむせいで家を出た。
무료 상담 코너로 도움을 **청하는** 메일이 자주 온다.	無料相談コーナーに助けを求めるメールがよく来る。
제품을 홍보하기 위해 신문사 기자들을 **초청했다**.	製品を広報するために新聞社の記者たちを招待した。
많이 도와주셨으니까 제가 비싼 것으로 **대접할게요**.	たくさん助けていただいたので、私が高い物でおもてなししますよ。
주부라도 아이를 **돌보는** 일은 아주 피곤한 일입니다.	主婦でも子どもの面倒を見ることはとても疲れることです。
아이는 제가 잘 돌볼 테니까 너무 **염려하지** 마세요.	子どもは自分がちゃんと面倒を見るので、あまり心配しないでください。
저는 약속을 쉽게 **어기는** 사람은 신뢰하지 않습니다.	私は約束を簡単に破る人は信頼しません。
형제끼리 **다투는** 것을 어머니는 제일 싫어하셨다.	兄弟同士争うことを母は一番嫌がられた。
우리 회사는 지각하지 않는 것을 원칙으로 **삼고** 있습니다.	当社は遅刻しないことを原則にしています。
항상 나를 **깔보더니** 본인도 시험에 떨어졌네.	いつも私を見下していたら、自分も試験に落ちたね。
그렇게 일일이 **따지지** 말고 그냥 하세요.	そんなにいちいち問いたださないで、そのままやってください。

깔보다に-더니が付いた形。 0468 일일이は、[일리리]と発音（ㄴ挿入）。

145

　動詞 12 _ 働き掛け　　　　　　[TR055]

0469 □□	**간직하다** [간지카다]	大切にする、保管する 活 하다用言
0470 □□	**반하다** [바나다]	ほれる 活 하다用言
0471 □□	**비추다**	照らす、映す 類 조명하다
0472 □□	**가리다²**	えり好みする、選ぶ、えり分ける、人見知りする 類 분별하다
0473 □□	**끼치다**	かける、及ぼす
0474 □□	**바래다**	見送る
0475 □□	**얕보다** [얕뽀다]	見くびる、軽んずる、さげすむ
0476 □□	**주력하다** [주려카다]	力を注ぐ　漢 注力-- 活 하다用言
0477 □□	**탓하다** [타타다]	(～の) せいにする 活 하다用言　名 탓
0478 □□	**의심하다** [의시마다]	疑う　漢 疑心-- 活 하다用言　関 의심되다 疑われる
0479 □□	**허락하다** [허라카다]	許す、許可する　漢 許諾-- 活 하다用言
0480 □□	**용서하다**	許す　漢 容恕-- 活 하다用言　関 용서되다 許される

解説　0471 **밤길을**は、[**밤끼를**]と発音 (合成語の濃音化)。**달빛이**は、[**달삐치**]と発音 (合成語の濃音化)。 0477 **발전이**は、[**발쩌니**]と発音 (漢字語の濃音化)。

여자 친구의 편지는 소중히 **간직하고** 있어요.	彼女の手紙は大切に保管しています。
그 여자를 보고 한눈에 **반해** 버렸어요.	その女性を見て一目でほれてしまいました。
🗣 어두운 밤길을 **비추는** 달빛이 오늘따라 아주 밝았다.	暗い夜道を照らす月光が今日に限ってとても明るかった。
음식은 **가리지** 말고 먹어야 건강해지는 거야.	食べ物をえり好みせず食べてこそ健康になるんだよ。
걱정을 **끼쳐** 드려서 정말 죄송합니다.	心配を掛けて本当に申し訳ありません。
집까지 **바래다** 줄 테니 차에 타.	家まで送ってあげるから車に乗りなよ。
그렇게 **얕보다가는** 아마 크게 질 거야.	そうやって見くびっていたら、おそらく大負けするだろう。
우리 회사에서 **주력하는** 사업은 건설입니다.	わが社で注力している事業は建設です。
🗣 자꾸 남의 **탓만 해서는** <u>발전이</u> 없지요.	しきりに他人のせいにしてばかりでは発展がないでしょう。
경찰이 나를 **의심하는** 것 같습니다.	警察が私を疑っているようです。
네 부모님이 **허락하시면** 우리랑 같이 놀러 가도 돼.	君のご両親が許してくださったら、私たちと一緒に遊びに行ってもいいよ。
이번에만 특별히 **용서해** 드리겠습니다.	今回のみ特別に許して差し上げます。

形容詞 06 _ 性格・態度

[TR056]

0481 □□	**어리석다** [어리석따]	愚かだ

0482 □□	**어중간하다** [어중가나다]	中途半端だ　漢 於中間-- 活 하다用言

0483 □□	**엉뚱하다**	とんでもない、突飛だ、突拍子もない 活 하다用言

0484 □□	**둔하다** [두나다]	鈍い　漢 鈍-- 活 하다用言

0485 □□	**무심하다** [무시마다]	無関心だ、無心だ　漢 無心-- 活 하다用言

0486 □□	**소심하다** [소시마다]	臆病だ　漢 小心-- 活 하다用言

0487 □□	**게으르다**	怠惰だ、怠けている 活 르変則

0488 □□	**건방지다**	生意気だ

0489 □□	**심술궂다** [심술굳따]	意地悪だ　漢 心術--

0490 □□	**냉정하다**	冷たい、冷淡だ　漢 冷情-- 活 하다用言

0491 □□	**까다롭다** [까다롭따]	気難しい、難しい、ややこしい 活 ㅂ変則

0492 □□	**수상하다**	怪しい　漢 殊常-- 活 하다用言

解説　0483 **엉뚱한 이야기**는、[**엉뚱한 니야기**]と発音 (ㄴ挿入)。　0486 **성격이라**는、[**성껴기라**]と発音 (漢字語の濃音化)。**새로운 일을**は、[**새로운 니를**]と発音 (ㄴ挿入)。　0491 **성격의**は、[**성껴게**]と発音 (漢字語の濃音化)。**질색이야**는、[**질쌔기야**]と発音 (漢字語の濃音化)。

똑똑한 사람도 가끔 **어리석은** 행동을 한다.	賢い人も時々愚かな行動をする。
어중간하게 공부하면 시험 때 꼭 틀리지.	中途半端に勉強したら、試験のとき必ず間違えるでしょ。
発 딸이 가끔 **엉뚱한** 이야기를 해서 놀라기도 한다.	娘が時々とんでもないことを言うので驚いたりする。
그렇게 **둔하니까** 아내가 안 좋아하는 거야.	そのように鈍いから妻が喜ばないんだ。
남편은 **무심해서** 내 생일이 언제인지도 몰라.	夫は無頓着で私の誕生日がいつかも知らない。
発 저는 **소심한** 성격이라 새로운 일을 못해요.	私は臆病な性格なので新しいことができません。
게으른 사람은 어디를 가도 제대로 인정받기 힘들다.	怠惰な人はどこに行ってもちゃんと認められるのは大変だ。
신입사원의 태도가 **건방져서** 기분이 나빠.	新入社員の態度が生意気で気分が悪い。
심술궂은 상사가 있어서 회사 가기 싫다.	意地悪な上司がいて会社に行きたくない。
그 여자의 **냉정한** 태도에 많이 실망했어.	その女性の冷たい態度にとても失望した。
発 나는 **까다로운** 성격의 사람은 질색이야.	私は気難しい性格の人がうんざりだ。
수상한 사람이 집 앞에 서 있다.	怪しい人が家の前に立っている。

0493 □□	**차츰**	次第に、だんだん
0494 □□	**갈수록** [갈쑤록]	ますます、より一層、日に日に
0495 □□	**저절로**	自然に、自ずから、ひとりでに 類 스스로
0496 □□	**곰곰이** [곰고미]	じっくり、つくづく、よくよく
0497 □□	**틈틈이** [틈트미]	片手間に
0498 □□	**언뜻** [언뜯]	ちらりと、ふと
0499 □□	**마구**	むやみに、やたらに、いいかげんに 類 함부로
0500 □□	**억지로** [억찌로]	無理やり
0501 □□	**굳이** [구지]	あえて、無理に、強いて 類 구태여
0502 □□	**홀로**	一人で、一人きりで
0503 □□	**제각기** [제각끼]	めいめい、皆まちまちに 漢 -各其
0504 □□	**제멋대로** [제먿때로]	好き勝手に

解説　0498 **그런 이름은**は、[그런 니르믄]と発音（ㄴ挿入）。 0499 **찐다니까**は、찌다 (太る) に-ㄴ다니까が付いた形。 0501 **그런 이야기**は、[그런 니야기]と発音（ㄴ挿入）。

해가 뜰 시간이 되자 날이 **차츰** 밝아 왔다.	日が昇る時間になると次第に明るくなってきた。
갈수록 건강이 안 좋아지는 것 같으니 좀 쉬세요.	ますます健康状態が悪くなっているようなのでちょっと休んでください。
아침 여섯 시만 되면 **저절로** 눈이 떠집니다.	朝6時になるといつも自然に目が覚めます。
그 여자가 한 말을 **곰곰이** 생각해 보았다.	その女性が言った言葉をじっくり考えてみた。
시험 공부는 통근 전철에서 **틈틈이** 했습니다.	試験勉強は通勤電車で片手間にやりました。
発 그런 이름은 **언뜻** 들어서는 안 외워진다.	そういう名前はちらりと聞いただけでは覚えられない。
文 배고프다고 그렇게 **마구** 먹으면 살이 더 찐다니까.	おなかがすいたからってそんなにむやみに食べたらもっと太るってば。
억지로 하지 말고 하기 싫으면 그만둬.	無理やりやらず、やりたくないならやめろ。
発 이 자리에서 **굳이** 그런 이야기를 할 필요가 있어요?	この場であえてそんな話をする必要がありますか？
사람은 살면서 때로는 **홀로** 보내는 시간도 중요하다.	人は暮らしていて、時には一人で過ごす時間も重要だ。
제각기 하고 싶은 말이 있을 테니 해 봐.	めいめい言いたいことがあるだろうから言ってみろ。
그렇게 **제멋대로** 살지 말고 남 생각도 해.	そうやって勝手に生きるのではなく、他人のことも考えろ。

39日目 [TR058]

☐ 0457	**달래다**	달래고	달래면	달래니까	달래서
☐ 0458	**조르다** 르変	조르고	조르면	조르니까	졸라서
☐ 0459	**청하다** 하用	청하고	청하면	청하니까	청해서
☐ 0460	**초청하다** 하用	초청하고	초청하면	초청하니까	초청해서
☐ 0461	**대접하다** 하用	대접하고	대접하면	대접하니까	대접해서
☐ 0462	**돌보다**	돌보고	돌보면	돌보니까	돌봐서
☐ 0463	**염려하다** 하用	염려하고	염려하면	염려하니까	염려해서
☐ 0464	**어기다**	어기고	어기면	어기니까	어겨서
☐ 0465	**다투다**	다투고	다투면	다투니까	다퉈서
☐ 0466	**삼다**	삼고	삼으면	삼으니까	삼아서
☐ 0467	**깔보다**	깔보고	깔보면	깔보니까	깔봐서
☐ 0468	**따지다**	따지고	따지면	따지니까	따져서

40日目 [TR059]

☐ 0469	**간직하다** 하用	간직하고	간직하면	간직하니까	간직해서
☐ 0470	**반하다** 하用	반하고	반하면	반하니까	반해서
☐ 0471	**비추다**	비추고	비추면	비추니까	비춰서
☐ 0472	**가리다**[2]	가리고	가리면	가리니까	가려서
☐ 0473	**끼치다**	끼치고	끼치면	끼치니까	끼쳐서
☐ 0474	**바래다**	바래고	바래면	바래니까	바래서

用言の四つの活用形を掲載しました。活用が正則でない場合は、基本形の横に変則活用の種類をアイコンで示しました（アイコンの見方はP.010参照）。

☐ 0475 **얕보다**	얕보고	얕보면	얕보니까	얕봐서
☐ 0476 **주력하다** 하用	주력하고	주력하면	주력하니까	주력해서
☐ 0477 **탓하다** 하用	탓하고	탓하면	탓하니까	탓해서
☐ 0478 **의심하다** 하用	의심하고	의심하면	의심하니까	의심해서
☐ 0479 **허락하다** 하用	허락하고	허락하면	허락하니까	허락해서
☐ 0480 **용서하다** 하用	용서하고	용서하면	용서하니까	용서해서

41日目 [TR060]

☐ 0481 **어리석다**	어리석고	어리석으면	어리석으니까	어리석어서
☐ 0482 **어중간하다** 하用	어중간하고	어중간하면	어중간하니까	어중간해서
☐ 0483 **엉뚱하다** 하用	엉뚱하고	엉뚱하면	엉뚱하니까	엉뚱해서
☐ 0484 **둔하다** 하用	둔하고	둔하면	둔하니까	둔해서
☐ 0485 **무심하다** 하用	무심하고	무심하면	무심하니까	무심해서
☐ 0486 **소심하다** 하用	소심하고	소심하면	소심하니까	소심해서
☐ 0487 **게으르다** 르変	게으르고	게으르면	게으르니까	게을러서
☐ 0488 **건방지다**	건방지고	건방지면	건방지니까	건방져서
☐ 0489 **심술궂다**	심술궂고	심술궂으면	심술궂으니까	심술궂어서
☐ 0490 **냉정하다** 하用	냉정하고	냉정하면	냉정하니까	냉정해서
☐ 0491 **까다롭다** ㅂ変	까다롭고	까다로우면	까다로우니까	까다로워서
☐ 0492 **수상하다** 하用	수상하고	수상하면	수상하니까	수상해서

□ 0421 깨	□ 0442 게
□ 0422 옥수수	□ 0443 낙지
□ 0423 콩	□ 0444 새우
□ 0424 콩나물	□ 0445 짐승
□ 0425 팥	□ 0446 애완동물
□ 0426 채소	□ 0447 강아지
□ 0427 호박	□ 0448 코끼리
□ 0428 버섯	□ 0449 곰
□ 0429 시금치	□ 0450 사슴
□ 0430 상추	□ 0451 염소
□ 0431 양상추	□ 0452 사자
□ 0432 피망	□ 0453 범
□ 0433 설렁탕	□ 0454 여우
□ 0434 열매	□ 0455 너구리
□ 0435 복숭아	□ 0456 고래
□ 0436 해물	□ 0457 달래다
□ 0437 참치	□ 0458 조르다
□ 0438 다랑어	□ 0459 청하다
□ 0439 대구	□ 0460 초청하다
□ 0440 명태	□ 0461 대접하다
□ 0441 조개	□ 0462 돌보다

次の韓国語の訳を書いてみましょう。分からなかった単語は、前に戻ってもう一度覚えましょう。

□ 0463 염려하다

□ 0464 어기다

□ 0465 다투다

□ 0466 삼다

□ 0467 깔보다

□ 0468 따지다

□ 0469 간직하다

□ 0470 반하다

□ 0471 비추다

□ 0472 가리다²

□ 0473 끼치다

□ 0474 바래다

□ 0475 얕보다

□ 0476 주력하다

□ 0477 탓하다

□ 0478 의심하다

□ 0479 허락하다

□ 0480 용서하다

□ 0481 어리석다

□ 0482 어중간하다

□ 0483 엉뚱하다

□ 0484 둔하다

□ 0485 무심하다

□ 0486 소심하다

□ 0487 게으르다

□ 0488 건방지다

□ 0489 심술궂다

□ 0490 냉정하다

□ 0491 까다롭다

□ 0492 수상하다

□ 0493 차츰

□ 0494 갈수록

□ 0495 저절로

□ 0496 곰곰이

□ 0497 틈틈이

□ 0498 언뜻

□ 0499 마구

□ 0500 억지로

□ 0501 굳이

□ 0502 홀로

□ 0503 제각기

□ 0504 제멋대로

□ 0421 ごま

□ 0422 トウモロコシ

□ 0423 豆

□ 0424 豆モヤシ

□ 0425 小豆

□ 0426 野菜

□ 0427 カボチャ

□ 0428 キノコ

□ 0429 ホウレンソウ

□ 0430 サンチュ

□ 0431 レタス

□ 0432 ピーマン

□ 0433 ソルロンタン

□ 0434 実

□ 0435 桃

□ 0436 海産物

□ 0437 マグロ

□ 0438 マグロ

□ 0439 タラ

□ 0440 スケトウダラ

□ 0441 貝

□ 0442 カニ

□ 0443 たこ

□ 0444 エビ

□ 0445 獣

□ 0446 ペット

□ 0447 子犬

□ 0448 ゾウ

□ 0449 クマ

□ 0450 鹿

□ 0451 ヤギ

□ 0452 ライオン

□ 0453 虎

□ 0454 キツネ

□ 0455 タヌキ

□ 0456 クジラ

□ 0457 なだめる

□ 0458 せがむ

□ 0459 請う

□ 0460 招待する

□ 0461 もてなす

□ 0462 面倒を見る

次の日本語に該当する単語を書いてみましょう。分からなかった単語は、前に戻ってもう一度覚えましょう。

□ 0463 気遣う

□ 0464 （約束などを）破る

□ 0465 争う

□ 0466 （～に）する

□ 0467 見下す

□ 0468 問いただす

□ 0469 大切にする

□ 0470 ほれる

□ 0471 照らす

□ 0472 えり好みする

□ 0473 かける

□ 0474 見送る

□ 0475 見くびる

□ 0476 力を注ぐ

□ 0477 （～の）せいにする

□ 0478 疑う

□ 0479 許す

□ 0480 許す

□ 0481 愚かだ

□ 0482 中途半端だ

□ 0483 とんでもない

□ 0484 鈍い

□ 0485 無関心だ

□ 0486 臆病だ

□ 0487 怠惰だ

□ 0488 生意気だ

□ 0489 意地悪だ

□ 0490 冷たい

□ 0491 気難しい

□ 0492 怪しい

□ 0493 次第に

□ 0494 ますます

□ 0495 自然に

□ 0496 じっくり

□ 0497 片手間に

□ 0498 ちらりと

□ 0499 むやみに

□ 0500 無理やり

□ 0501 あえて

□ 0502 一人で

□ 0503 めいめい

□ 0504 好き勝手に

01 私、実はキノコが食べられないんです。

02 日本にはトウモロコシ茶ってありませんよね？

03 動物園に行くと、うちの子はすぐライオンを見に行きます。

04 ゾウは長く生きる動物らしいですよ。

05 ヤギの乳飲んだことある？

06 この部屋に入るのを許可していただけますか？

07 ちらっと見えたんだけど、その漫画好きなの？　僕もだよ。

08 命令に背いて行動したが、結果的に成功した。

09 ピーマンが嫌いな子どもが多いです。

10 すみません、ここサンチュ追加してください。

11　最近は街中にクマが現れることが多い。

12　この前の講演では海外から専門家を招待した。

13　ドアが自然に閉まって大きな音がしたので、びっくりしました。

14　海産物で作った料理が好きです。

15　別のことに力を注ぐべきじゃないの？

16　一生懸命お願いしたが、冷たく断られてしまった。

17　お客さまをもてなすために、高いお酒を用意した。

18　両親の面倒を見るため、一緒に暮らしています。

19　あの人にはあえて言わなくてもいいんじゃないか？

20　片手間に英語の単語を覚えています。

» 解答は P.306

準2級_6週目 文法項目

6週目で新たに出てきた文法項目を確認しましょう。
右の列の数字は掲載番号です。

» 語尾・表現

-고 나면	〜すると、〜し終わると	0452
-는 탓에	〜するせいで	0458
-ㄴ다니까/-는다니까	〜するってば、〜するんだってば	0499

準2級

7週目

0505 ☐☐ **참새**	スズメ
0506 ☐☐ **제비**¹	ツバメ
0507 ☐☐ **까치**	カササギ
0508 ☐☐ **비둘기**	ハト
0509 ☐☐ **오리**	アヒル
0510 ☐☐ **거북**	亀
0511 ☐☐ **개구리**	カエル
0512 ☐☐ **개미**	アリ
0513 ☐☐ **모기**	蚊
0514 ☐☐ **나비**	チョウ
0515 ☐☐ **잠자리**	トンボ
0516 ☐☐ **거미**	クモ

解説 0505 **앉아 있었더니**は、**앉다** (座る) に**-아 있다**、**-었더니**が付いた形。 0509 **인기**は、[**인끼**]と発音 (漢字語の濃音化)。 0511 **울음소리**は、[**우름쏘리**]と発音 (合成語の濃音化)。**들리곤 했다**は、**들리다** (聞こえる) に**-곤は 했다**の縮約形**-곤 했다**が付いた形。 0512 **좋은 영향**は、[**조은 녕향**]と発音 (ㄴ挿入)。 0513 **밤새**は、[**밤쌔**]と発音 (合 ↗

文 밖에 앉아 있었더니 어느새 **참새**가 날아
와 앉았다.

外に座っていたらいつの間にか
スズメが飛んできて止まった。

제비가 낮게 땅 가까이 날면 비가 온다
고 한다.

ツバメが低く地面の近くを飛ぶ
と雨が降るそうだ。

예부터 **까치**가 울면 반가운 손님이 찾아
온다고 한다.

昔から、カササギが鳴くと喜ば
しい客が訪ねてくるという。

사람들이 많은 곳에는 **비둘기**도 많이 모
입니다.

人が多い場所にはハトもたくさ
ん集まります。

発 **오리**고기는 건강식으로 한국에서 인기가
있다.

アヒル肉は健康食として韓国で
人気がある。

강 가운데 바위에 햇빛을 즐기는 **거북**이
많다.

川の真ん中の岩に日なたぼっこ
をしている亀がたくさんいる。

発
文 근처에 논밭이 많아 **개구리** 울음소리가
들리곤 했다.

近所に田畑が多くてカエルの鳴
き声がよく聞こえてきた。

発 **개미**가 집 안에 있으면 건물에 좋은 영
향을 주지 않는다.

アリが家の中にいると建物にい
い影響を与えない。

発 밤새 **모기**가 주위에서 괴롭혀서 잠을 잘
못 잤다.

夜通し蚊が周りでうるさくて、よ
く眠れなかった。

봄철이 되면 **나비**가 이곳저곳 나는 모습
을 볼 수 있다.

春になるとチョウがあちこち飛
ぶ姿を見ることができる。

가을이라 그런지 **잠자리**가 날아다녔다.

秋だからかトンボが飛び回って
いた。

거미를 집에서 잡으면 밖에 놓아 준다.

クモを家で捕まえたら外に放し
てやっている。

成語の濃音化）。

0517 □□	**몸매**	体形、体つき、スタイル、身なり

0518 □□	**몸짓** [몸찓]	仕草、立ち居振る舞い、身ぶり

0519 □□	**생김새**	顔つき、顔立ち、出来具合

0520 □□	**낯** [낟]	顔、面

0521 □□	**눈썹**	眉毛

0522 □□	**속눈썹** [송눈썹]	まつげ

0523 □□	**쌍꺼풀**	二重まぶた　漢 双--

0524 □□	**눈길** [눈낄]	視線、目つき

0525 □□	**눈동자** [눈똥자]	瞳　漢 -瞳子

0526 □□	**뺨**	頬　類 볼

0527 □□	**볼**	頬　類 뺨

0528 □□	**이빨**	(俗語) 歯　関 이 歯

解説　0518 **몸짓은**は、[**몸찓슨**]と発音 (合成語の濃音化)。　0519 **비슷하나**は、**비슷하다** (似ている) に-**나**が付いた形。**성격이**は、[**성껴기**]と発音 (漢字語の濃音化)。　0524 **눈길**は、[**눈낄**]と発音 (合成語の濃音化)。　0525 **눈동자**は、[**눈똥자**]と発音 (合成語の濃音化)。

모델들은 **몸매** 관리를 하지 않으면 일을 받기 어렵다.	モデルたちは体形の管理をしないと仕事をもらいにくい。
発 춤을 추는 그녀의 **몸짓**은 너무나 아름다웠다.	ダンスを踊る彼女の身のこなしはとても美しかった。
発 文 두 사람은 **생김새**가 비슷하나 성격이 전혀 다릅니다.	二人は顔つきは似ていますが性格が全然違います。
나는 **낯**을 가리는 편이라서 거기는 안 갈래.	私は人見知りする (顔を選ぶ) 方なのでそこには行かない。
외출하기 전에 **눈썹**도 좀 정리하는 게 어때요?	外出する前に眉毛もちょっと整えるのはどうですか?
속눈썹을 길게 붙이고 파티에 나갔다.	長いまつげを付けてパーティーに出掛けた。
쌍꺼풀이 생기면서 더 예뻐 보여요.	二重まぶたができたことでもっときれいに見えます。
発 부자인 그 사람은 이런 물건에는 **눈길**도 주지 않아요.	金持ちの彼はこんな物には目もくれません。
発 그녀의 **눈동자**가 너무 예뻐서 한눈에 반해 버렸다.	彼女の瞳がとてもきれいで、一目ぼれしてしまった。
내가 한마디 하자 얼굴을 붉히며 내 **뺨**을 때렸다.	私が一言言うや、顔を赤くしながら私の頬をたたいた。
날이 추워서 밖에 나갔다 들어오니 **볼**이 빨개졌다.	寒いので、外に出て帰ってくると頬が赤くなった。
그 사람은 누렇게 **이빨**을 드러내며 웃기 시작했다.	彼は黄色く歯を出しながら笑い始めた。

0529 □□	**침**	よだれ、唾
0530 □□	**품**1	懐
0531 □□	**배꼽**	へそ
0532 □□	**엉덩이**	お尻
0533 □□	**손길** [손낄]	救いの手、差し伸べる手
0534 □□	**손뼉**	(手首から先の) 手
0535 □□	**무릎** [무릅]	膝
0536 □□	**발걸음** [발꺼름]	足取り
0537 □□	**발길** [발낄]	足、行き来、往来
0538 □□	**발등** [발뜽]	足の甲 関 발바닥 足の裏
0539 □□	**컨디션**	コンディション 外 condition
0540 □□	**증세**	症状、病状 漢 症勢 類 증상

解説　0530 **한참 동안**は、[**한참 똥안**]と発音 (合成語の濃音化)。　0532 **했더니**は、**하다** (する) に-**었더니**が付いた形。　0533 **손길을**は、[**손끼를**]と発音 (合成語の濃音化)。0536 **발걸음이**は、[**발꺼르미**]と発音 (合成語の濃音化)。　0537 **발길을**は、[**발끼를**]と発音 (合成語の濃音化)。　0538 **발등**は、[**발뜽**]と発音 (合成語の濃音化)。　0540 ⬈

침까지 흘리면서 자는 사람은 정말 피곤한 사람이다.	よだれまで流しながら寝る人は本当に疲れている人だ。
発 가끔은 엄마 **품**에 안겨서 <u>한참 동안</u> 울고 싶어집니다.	時々は母の懐に抱かれてしばらくの間泣きたくなります。
배꼽을 드러낸 옷차림의 여성들이 거리에 넘친다.	へそを出した服装の女性たちが街にあふれている。
文 하루 종일 앉아서 일을 <u>했더니</u> **엉덩이**가 아팠다.	一日中座って仕事をしていたらお尻が痛くなった。
発 생활이 어려운 사람들에게 도움의 **손길**을 내밉시다.	生活が苦しい人たちに助けの手を差し出しましょう。
그 사람은 화가 나서 **손뼉**으로 벽을 쳤다.	彼は怒って手の先で壁を殴った。
그 아이디어는 정말 뛰어나다면서 **무릎**을 쳤다.	そのアイデアは本当に優れていると言いながら膝をたたいた。
発 월급 받은 날은 집에 가는 **발걸음**이 한층 가벼웠다.	給料をもらった日は帰りの足取りがひときわ軽かった。
発 바빠서 그런지 영화관으로 **발길**을 옮기기 쉽지 않네요.	忙しいせいか、映画館に足を運びにくいですね。
発 들고 있던 물건이 떨어져서 **발등**을 찍었다.	持っていた物が落ちて、足の甲を直撃した。
죄송하지만 **컨디션**이 안 좋아서 오늘 쉬고 싶습니다.	申し訳ありませんが、コンディションが良くないので今日は休みたいです。
文 감기약을 먹었더니 **증세**가 그나마 나아졌습니다.	風邪薬を飲んだら症状が多少良くなりました。

먹었더니は、**먹다** (飲む) に-**었더니**が付いた形。

動詞 13 _ 主体の動作

0541 □□	**내다보다**	外を眺める、見通す、予測する 類 전망하다　対 들여다보다 のぞき見る
0542 □□	**둘러보다**	見て回る、見回す 類 살펴보다
0543 □□	**돌이키다** [도리키다]	振り返る
0544 □□	**올려다보다**	見上げる 対 내려다보다 見下ろす
0545 □□	**내려다보다**	見下ろす、見下す 対 올려다보다 見上げる
0546 □□	**들여다보다** [드려다보다]	のぞき見る、うかがう 対 내다보다 眺める
0547 □□	**돌아서다** [도라서다]	背を向ける、振り返る、仲たがいする
0548 □□	**구르다**	転ぶ、転がる 活 르変則　類 회전하다
0549 □□	**돌아다니다** [도라다니다]	歩き回る、徘徊する
0550 □□	**엎드리다** [업뜨리다]	伏せる、腹ばいになる
0551 □□	**튀어나오다**	飛び出す、飛び出る
0552 □□	**뛰어들다**	駆け込む、飛び込む、転がり込む 活 ㄹ語幹

解説　0543 **힘든 일**は、[**힘든 닐**]と発音（ㄴ挿入）。　0549 **할 일이**は、[**할 리리**]と発音（ㄴ挿入）。

바람이 많이 불어서 밖을 **내다보니** 비가 오고 있었다.	風がすごく吹いて、外を眺めると雨が降っていた。
좋은 물건이 있는지 좀 **둘러봐도** 될까요?	いい品物があるか、ちょっと見て回ってもいいでしょうか?
発 **돌이켜** 보면 힘든 일도 많았지만 행복했어요.	振り返ってみると、つらいことも多かったけど幸せでした。
가슴이 답답할 때는 가끔 하늘을 **올려다보세요**.	もどかしい時は時々空を見上げてください。
나는 언덕에 앉아 풀을 뜯는 소들을 **내려다봤다**.	私は丘に座って、草をはむ牛たちを見下ろした。
방안을 **들여다보니** 언니와 동생이 사이 좋게 놀고 있었다.	部屋の中をのぞき見ると、姉と妹が仲良く遊んでいた。
헤어지자고 말하고 **돌아서는데** 눈물이 그치지 않았다.	別れようと言って背を向けたが、涙が止まらなかった。
눈 내린 다음 날 내리막길에서 **굴러서** 크게 다쳤다.	雪の降った翌日、下り坂で転んで大けがした。
発 입시 후 할 일이 없어 **돌아다니는** 학생이 많아요.	入試後、やることがなくて歩き回る学生がたくさんいます。
졸려도 책상에 **엎드려서** 자는 건 허리에 안 좋아.	眠くても、机に伏せて寝るのは腰に良くないよ。
그렇게 골목에서 갑자기 **튀어나오면** 위험하잖아.	そうやって路地から突然飛び出したら危ないだろ。
출발하는 전철에 갑자기 **뛰어들면** 위험합니다.	出発する電車に急に駆け込んだら危ないです。

0553 □□	**오르내리다**	昇り降りする

0554 □□	**오가다**	行き来する、往来する、行き交う 頸 왕래하다

0555 □□	**헤매다**	さまよう、うろつく

0556 □□	**드나들다**	出入りする 活 ㄹ語幹

0557 □□	**나아가다**	進む、前進する、出る

0558 □□	**되돌아가다** [되도라가다]	引き返す、戻る

0559 □□	**달아나다** [다라나다]	逃げる、速く走る 頸 도망치다

0560 □□	**물러서다**	後ろへ下がる、退く、引っ込む

0561 □□	**비키다**	どく、よける

0562 □□	**올라서다**	上がる、(何かの上に) 立つ

0563 □□	**올라타다**	(乗り物に) 乗る、乗り込む、またがる

0564 □□	**사치하다**	ぜいたくする　漢 奢侈-- 活 하다用言　形 사치스럽다

解説　0555 **헤매고 있었더니**は、헤매고 있다 (迷っている) に-**었더니**が付いた形。　0557 **힘들더라도**は、힘들다 (大変だ) に-**더라도**が付いた形。**일단**は、[**일딴**]と発音 (漢字語の濃音化)。　0558 **되돌아가느니**は、되돌아가다に-**느니**が付いた形。

건강을 위해 운동 삼아 자주 계단을 **오르내립니다.**	健康のため、運動としてよく階段を昇り降りしています。
버스가 **오가는** 도로에서 자전거 연습을 하면 위험합니다.	バスが行き来する道路で自転車の練習をしたら危険です。
文 외국에 가서 길을 **헤매고 있었더니** 현지인이 도와주었다.	外国に行って道をさまよっていたら、現地の人が助けてくれた。
친구 집을 자기 집처럼 **드나들면** 곤란해.	友達の家を自分の家のように出入りしたら困る。
発 文 바람이 세서 **힘들더라도** 일단 앞으로 **나아가야** 합니다.	風が強くて大変でもひとまず前に進まなければいけません。
文 가던 길을 **되돌아가느니** 이대로 새로운 길을 만들겠어요.	行った道を引き返すより、このまま新しい道を作ります。
그 사람은 사고를 내고 아무 말 없이 **달아나** 버렸다.	その人は事故を起こして何も言わずに逃げてしまった。
위험하니까 한 발 뒤로 **물러서세요.**	危ないので一歩後ろに下がってください。
짐을 실은 자전거가 지나가니 길을 **비켜** 주세요.	荷物を載せた自転車が通るので道を空けてください。
높은 곳에 있는 책을 꺼내려고 의자 위에 **올라섰다.**	高い所にある本を取り出そうと椅子の上に上がった。
아이와 함께 말에 **올라타고** 기념사진을 찍었다.	子どもと一緒に馬に乗って記念写真を撮った。
그 여자는 **사치하는** 습관이 심하다.	その女性はぜいたくする習慣がひどい。

1週目
2週目
3週目
4週目
5週目
6週目
7週目
8週目
9週目
10週目
11週目
12週目

0565 □□	**굳다** [굳따]	固い、堅い
		類 단단하다　対 부드럽다 軟らかい
0566 □□	**딱딱하다** [딱따카다]	こちこちだ、固い、ぎこちない
		活 하다用言　対 연하다 軟らかい
0567 □□	**단단하다** [단다나다]	固い、しっかりしている、堅固だ
		活 하다用言　類 굳다
0568 □□	**튼튼하다** [튼트나다]	丈夫だ
		活 하다用言　対 약하다 弱い
0569 □□	**두텁다** [두텁따]	分厚い
		活 ㅂ変則
0570 □□	**두껍다** [두껍따]	厚い
		活 ㅂ変則　対 얇다 薄い
0571 □□	**굵다** [국따]	太い、(粒などが) 粗い
		対 가늘다 細い
0572 □□	**뚱뚱하다**	太っている
		活 하다用言　対 날씬하다 すらっとしている
0573 □□	**비좁다** [비좁따]	窮屈だ、狭苦しい
0574 □□	**가늘다**	細い、細かい
		活 ㄹ語幹　対 굵다 太い　関 얇다 薄い
0575 □□	**날카롭다** [날카롭따]	鋭い
		活 ㅂ変則　対 무디다 切れ味が悪い
0576 □□	**날씬하다** [날씨나다]	すらっとしている、すんなりしている、しなやかだ
		活 하다用言　対 뚱뚱하다 太っている

대화 후 친구의 **굳은** 의지를 느낄 수 있었다.	対話後、友達の固い意志を感じることができた。
날이 가물면서 땅이 **딱딱하게** 굳어지고 있다.	日照りで地面がこちこちに固くなっている。
우리의 결의는 **단단해서** 누구도 꺾을 수 없습니다.	私たちの決意は固いので誰も曲げることはできません。
지진에도 견딜 수 있도록 집을 **튼튼하게** 지읍시다.	地震にも耐えられるように丈夫な家を建てましょう。
두 사람은 우정이 **두터워서** 좋아.	二人は友情が厚くていい。
날씨가 너무 추워서 **두꺼운** 옷을 입고 나왔어요.	とても寒くて厚手の服を着て出てきました。
팔이 **굵은** 사람은 운동을 많이 한 사람이다.	腕が太い人は運動をたくさんした人だ。
뚱뚱한 사람의 몸에 맞는 옷도 판매하고 있습니다.	太っている人の体に合う服も販売しています。
집이 **비좁아서** 두 사람은 잘 수 없어.	家が窮屈で二人は寝られない。
가늘고 긴 바늘을 써야 옷을 잘 수선할 수 있어요.	細くて長い針を使って初めて服をうまく修繕できます。
무언가 **날카로운** 물건에 베인 것 같아요.	何か鋭い物で切られたようです。
여름이 되자 다들 **날씬한** 몸매를 자랑했다.	夏になると皆すらっとした体を自慢した。

173

副詞 06 _ 状態・様子

0577 □□	**저마다**	一人一人、おのおの
0578 □□	**거꾸로**	逆に、反対に、逆さまに
0579 □□	**곧바로** [곧빠로]	真っすぐに、すぐに、直ちに 類 즉시
0580 □□	**곧장** [곧짱]	真っすぐに、直ちに、直接に 類 똑바로
0581 □□	**벌떡**	(いきなり立ち上がる様子) がばっと
0582 □□	**슬쩍**	素早く、こっそり
0583 □□	**재빨리**	素早く
0584 □□	**단숨에** [단수메]	一気に、一息に　漢 単--
0585 □□	**순식간에** [순식까네]	瞬く間に　漢 瞬息間-
0586 □□	**모처럼**	わざわざ、せっかく、久しぶりに 類 특별히
0587 □□	**일일이** [일리리]	いちいち、全て、事ごとに　漢 ----
0588 □□	**되도록**	できるだけ、なるべく

解説　0577 **장점이**は、[**장쩌미**]と発音 (漢字語の濃音化)。　0584 **밀린 일을**は、[**밀린 니를**]と発音 (ㄴ挿入)。　0587 **일일이**は、[**일리리**]と発音 (ㄴ挿入)。

📢 사람들은 **저마다** 다른 사람에게 없는 장점이 있습니다.	人はそれぞれ他の人にない長所があります。
속이 안 좋아서 먹은 것이 **거꾸로** 나오려고 한다.	おなかの調子が悪くて食べた物が逆に出ようとしている。
몸이 안 좋아서 조퇴하고 **곧바로** 병원에 갔다.	具合が悪くて早退して真っすぐ病院に行った。
학교가 끝나면 학원으로 **곧장** 가는 아이들이 많다.	学校が終わったら真っすぐに塾に行く子が多い。
그는 선생님이 부르자 **벌떡** 일어나서 앞으로 나갔다.	彼は先生が呼ぶや、がばっと立って前に出ていった。
콧물이 멈추지 않자 친구가 티슈를 **슬쩍** 건넸다.	鼻水が止まらなくて友達がティッシュを素早く渡した。
세일 기간에 원하는 물건을 사기 위해 **재빨리** 움직였다.	セール期間に欲しい物を買うために素早く動いた。
📺 **단숨에** 밀린 일을 해결하고 쉬고 있다.	一気にたまった仕事を解決して、休んでいる。
비가 오면서 **순식간에** 빨래가 젖었다.	雨が降って瞬く間に洗濯物がぬれた。
모처럼 형제들이 다 모였는데 식사라도 해야죠.	せっかく兄弟がみんな集まったんだから食事でもしませんと。
📢 내가 **일일이** 지적하지 않으면 진행이 안 되잖아요.	私がいちいち指摘しないと進まないじゃないですか。
내일은 **되도록** 일찍 오세요.	明日はできるだけ早く来なさい。

175

46日目 [TR068]

□ 0541	내다보다	내다보고	내다보면	내다보니까	내다봐서
□ 0542	둘러보다	둘러보고	둘러보면	둘러보니까	둘러봐서
□ 0543	돌이키다	돌이키고	돌이키면	돌이키니까	돌이켜서
□ 0544	올려다보다	올려다보고	올려다보면	올려다보니까	올려다봐서
□ 0545	내려다보다	내려다보고	내려다보면	내려다보니까	내려다봐서
□ 0546	들여다보다	들여다보고	들여다보면	들여다보니까	들여다봐서
□ 0547	돌아서다	돌아서고	돌아서면	돌아서니까	돌아서서
□ 0548	구르다 ㄹ変	구르고	구르면	구르니까	굴러서
□ 0549	돌아다니다	돌아다니고	돌아다니면	돌아다니니까	돌아다녀서
□ 0550	엎드리다	엎드리고	엎드리면	엎드리니까	엎드려서
□ 0551	튀어나오다	튀어나오고	튀어나오면	튀어나오니까	튀어나와서
□ 0552	뛰어들다 ㄹ語幹	뛰어들고	뛰어들면	뛰어드니까	뛰어들어서

47日目 [TR069]

□ 0553	오르내리다	오르내리고	오르내리면	오르내리니까	오르내려서
□ 0554	오가다	오가고	오가면	오가니까	오가서
□ 0555	헤매다	헤매고	헤매면	헤매니까	헤매서
□ 0556	드나들다 ㄹ語幹	드나들고	드나들면	드나드니까	드나들어서
□ 0557	나아가다	나아가고	나아가면	나아가니까	나아가서
□ 0558	되돌아가다	되돌아가고	되돌아가면	되돌아가니까	되돌아가서

用言の四つの活用形を掲載しました。活用が正則でない場合は、基本形の横に変則活用の種類をアイコンで示しました（アイコンの見方はP.010参照）。

□ 0559	달아나다	달아나고	달아나면	달아나니까	달아나서
□ 0560	물러서다	물러서고	물러서면	물러서니까	물러서서
□ 0561	비키다	비키고	비키면	비키니까	비켜서
□ 0562	올라서다	올라서고	올라서면	올라서니까	올라서서
□ 0563	올라타다	올라타고	올라타면	올라타니까	올라타서
□ 0564	사치하다 하用	사치하고	사치하면	사치하니까	사치해서

48日目 [TR070]

□ 0565	굳다	굳고	굳으면	굳으니까	굳어서
□ 0566	딱딱하다 하用	딱딱하고	딱딱하면	딱딱하니까	딱딱해서
□ 0567	단단하다 하用	단단하고	단단하면	단단하니까	단단해서
□ 0568	튼튼하다 하用	튼튼하고	튼튼하면	튼튼하니까	튼튼해서
□ 0569	두텁다 ㅂ変	두텁고	두터우면	두터우니까	두터워서
□ 0570	두껍다 ㅂ変	두껍고	두꺼우면	두꺼우니까	두꺼워서
□ 0571	굵다	굵고	굵으면	굵으니까	굵어서
□ 0572	뚱뚱하다 하用	뚱뚱하고	뚱뚱하면	뚱뚱하니까	뚱뚱해서
□ 0573	비좁다	비좁고	비좁으면	비좁으니까	비좁아서
□ 0574	가늘다 ㄹ語幹	가늘고	가늘면	가느니까	가늘어서
□ 0575	날카롭다 ㅂ変	날카롭고	날카로우면	날카로우니까	날카로워서
□ 0576	날씬하다 하用	날씬하고	날씬하면	날씬하니까	날씬해서

□ 0505 **참새**

□ 0506 **제비**[1]

□ 0507 **까치**

□ 0508 **비둘기**

□ 0509 **오리**

□ 0510 **거북**

□ 0511 **개구리**

□ 0512 **개미**

□ 0513 **모기**

□ 0514 **나비**

□ 0515 **잠자리**

□ 0516 **거미**

□ 0517 **몸매**

□ 0518 **몸짓**

□ 0519 **생김새**

□ 0520 **낯**

□ 0521 **눈썹**

□ 0522 **속눈썹**

□ 0523 **쌍꺼풀**

□ 0524 **눈길**

□ 0525 **눈동자**

□ 0526 **뺨**

□ 0527 **볼**

□ 0528 **이빨**

□ 0529 **침**

□ 0530 **품**[1]

□ 0531 **배꼽**

□ 0532 **엉덩이**

□ 0533 **손길**

□ 0534 **손뼉**

□ 0535 **무릎**

□ 0536 **발걸음**

□ 0537 **발길**

□ 0538 **발등**

□ 0539 **컨디션**

□ 0540 **증세**

□ 0541 **내다보다**

□ 0542 **둘러보다**

□ 0543 **돌이키다**

□ 0544 **올려다보다**

□ 0545 **내려다보다**

□ 0546 **들여다보다**

次の韓国語の訳を書いてみましょう。分からなかった単語は、前に戻ってもう一度覚えましょう。

☐ 0547 돌아서다	☐ 0568 튼튼하다
☐ 0548 구르다	☐ 0569 두텁다
☐ 0549 돌아다니다	☐ 0570 두껍다
☐ 0550 엎드리다	☐ 0571 굵다
☐ 0551 튀어나오다	☐ 0572 뚱뚱하다
☐ 0552 뛰어들다	☐ 0573 비좁다
☐ 0553 오르내리다	☐ 0574 가늘다
☐ 0554 오가다	☐ 0575 날카롭다
☐ 0555 헤매다	☐ 0576 날씬하다
☐ 0556 드나들다	☐ 0577 저마다
☐ 0557 나아가다	☐ 0578 거꾸로
☐ 0558 되돌아가다	☐ 0579 곧바로
☐ 0559 달아나다	☐ 0580 곧장
☐ 0560 물러서다	☐ 0581 벌떡
☐ 0561 비키다	☐ 0582 슬쩍
☐ 0562 올라서다	☐ 0583 재빨리
☐ 0563 올라타다	☐ 0584 단숨에
☐ 0564 사치하다	☐ 0585 순식간에
☐ 0565 굳다	☐ 0586 모처럼
☐ 0566 딱딱하다	☐ 0587 일일이
☐ 0567 단단하다	☐ 0588 되도록

1週目
2週目
3週目
4週目
5週目
6週目
7週目
8週目
9週目
10週目
11週目
12週目

☐ 0505 スズメ	☐ 0526 頬
☐ 0506 ツバメ	☐ 0527 頬
☐ 0507 カササギ	☐ 0528 歯
☐ 0508 ハト	☐ 0529 よだれ
☐ 0509 アヒル	☐ 0530 懐
☐ 0510 亀	☐ 0531 へそ
☐ 0511 カエル	☐ 0532 お尻
☐ 0512 アリ	☐ 0533 救いの手
☐ 0513 蚊	☐ 0534 （手首から先の）手
☐ 0514 チョウ	☐ 0535 膝
☐ 0515 トンボ	☐ 0536 足取り
☐ 0516 クモ	☐ 0537 足
☐ 0517 体形	☐ 0538 足の甲
☐ 0518 仕草	☐ 0539 コンディション
☐ 0519 顔つき	☐ 0540 症状
☐ 0520 顔	☐ 0541 外を眺める
☐ 0521 眉毛	☐ 0542 見て回る
☐ 0522 まつげ	☐ 0543 振り返る
☐ 0523 二重まぶた	☐ 0544 見上げる
☐ 0524 視線	☐ 0545 見下ろす
☐ 0525 瞳	☐ 0546 のぞき見る

次の日本語に該当する単語を書いてみましょう。分からなかった単語は、前に戻ってもう一度覚えましょう。

□ 0547 背を向ける

□ 0548 転ぶ

□ 0549 歩き回る

□ 0550 伏せる

□ 0551 飛び出す

□ 0552 駆け込む

□ 0553 昇り降りする

□ 0554 行き来する

□ 0555 さまよう

□ 0556 出入りする

□ 0557 進む

□ 0558 引き返す

□ 0559 逃げる

□ 0560 後ろへ下がる

□ 0561 どく

□ 0562 上がる

□ 0563 （乗り物に）乗る

□ 0564 ぜいたくする

□ 0565 固い

□ 0566 こちこちだ

□ 0567 固い

□ 0568 丈夫だ

□ 0569 分厚い

□ 0570 厚い

□ 0571 太い

□ 0572 太っている

□ 0573 窮屈だ

□ 0574 細い

□ 0575 鋭い

□ 0576 すらっとしている

□ 0577 一人一人

□ 0578 逆に

□ 0579 真っすぐに

□ 0580 真っすぐに

□ 0581 がばっと

□ 0582 素早く

□ 0583 素早く

□ 0584 一気に

□ 0585 瞬く間に

□ 0586 わざわざ

□ 0587 いちいち

□ 0588 できるだけ

01 公園にいるハトに、食パンをちぎってあげました。

02 突然猫が道路に飛び出した。

03 体形がすらっとしているから、こういう服も似合うと思うよ。

04 私は眉毛は手を加えていません。

05 窓の外を眺めると、雪が積もっていた。

06 試合の前にコンディションを確認しておいた。

07 せっかく韓国に来たんだから、韓国料理を食べなきゃ。

08 何回言ってもどいてくれないので腹が立った。

09 一人一人違うことを考えているようです。

10 その話を聞くと、彼はがばっと立ち上がった。

11　鋭い刃物で切った傷は、早く治るそうです。

12　家に財布を忘れてきたので、引き返した。

13　うちの会社は出入りする人がたくさんいる。

14　すみませんが、できるだけ早く返事をください。

15　大学に向かおうと、バイクにまたがった。

16　この市場は初めてだからちょっと見て回ってくるよ。

17　高いビルをずっと見上げていたら首が痛いです。

18　足の甲が乾燥しているので、ローションを塗ります。

19　警察が到着すると、犯人たちは素早く逃げた。

20　緊張して、何度も唾を飲み込んだ。

» 解答は P.307

1週目
2週目
3週目
4週目
5週目
6週目
7週目
8週目
9週目
10週目
11週目
12週目

183

7週目で新たに出てきた文法項目を確認しましょう。
右の列の数字は掲載番号です。

» 語尾・表現

-곤 하다	～したりする、よく～する	0511
-나	～するが・だが	0519
-느니	～するよりは、～するよりも	0558

準2級

8 週目

0589 **통증** □□ [통쯩]	痛み　漢 痛症 類 아픔
0590 **몸살** □□	体調不良、過労による病気
0591 **독감** □□ [독깜]	インフルエンザ　漢 毒感
0592 **기침** □□	せき
0593 **재채기** □□	くしゃみ
0594 **화상** □□	やけど　漢 火傷
0595 **여드름** □□	にきび
0596 **배탈** □□	下痢、食あたり　漢 -頉
0597 **체증** □□	胃もたれ、渋滞　漢 滯症
0598 **오줌** □□	小便
0599 **똥** □□	ふん、大便
0600 **안약** □□ [아냑]	目薬　漢 眼藥

解説　0589 **뽑고 나서는**、**뽑다** (抜く) に-**고 나서**が付いた形。**통증**は、[**통쯩**]と発音 (漢字語の濁音化)。　0590 **무리했더니는**、**무리하다** (無理する) に-**었더니**が付いた形。　0591 **갔더니**は、**가다** (行く) に-**았더니**が付いた形。　0598 **참지**は、[**참찌**]と発音 (語尾の濁音化)。　0600 **넣었더니는**、**넣다** (入れる) に-**었더니**が付いた形。

186

発文 이를 뽑고 나서 **통증**이 너무 심해서 한 숨도 못 잤다.	歯を抜いてから痛みがとてもひどいので一睡もできなかった。
文 주말에도 쉬지 않고 <u>무리했더니</u> **몸살**이 났다.	週末も休まず無理したら体調を崩した。
文 **독감**에 걸려서 병원에 <u>갔더니</u> 사람들로 붐볐다.	インフルエンザにかかって病院に行ったら、人で混み合っていた。
약을 먹었지만 **기침**이 멎지 않아서 다시 병원에 갔다.	薬を飲んだけどせきが止まらないのでまた病院に行った。
꽃가루 알레르기 때문에 **재채기**하는 사람이 많다.	花粉アレルギーのせいでくしゃみをする人が多い。
뜨거운 물을 쏟아서 **화상**을 입어 병원에 다녀요.	お湯をこぼしてやけどを負い、病院に通っています。
여드름은 짜지 말고 그냥 두세요.	にきびはつぶさずにそのままにしてください。
여름에 차가운 음식을 먹으면 **배탈**의 원인이 돼요.	夏に冷たい食べ物を食べると下痢の原因になります。
과식했는지 **체증**이 와서 답답합니다.	食べ過ぎたのか、胃もたれが来てもどかしいです。
発 **오줌**이 마려우면 <u>참지</u> 말고 화장실 다녀 와.	小便をしたくなったら我慢せずにトイレに行ってきなさい。
강아지의 **똥**은 주인이 치워야 한다.	犬のふんは飼い主が片付けなければいけない。
文 **안약**을 넣었더니 눈이 좀 편해졌다.	目薬を差したら目が少し楽になった。

0601 □□	**옷차림** [옫차림]	身なり
0602 □□	**외모**	外見、外貌、見かけ　漢 外貌
0603 □□	**평상복**	普段着　漢 平常服
0604 □□	**허리띠**	ベルト、帯
0605 □□	**의상**	衣装　漢 衣裳
0606 □□	**한복**	韓服、朝鮮服　漢 韓服 関 양복 洋服
0607 □□	**청바지**	ジーンズ　漢 青--
0608 □□	**소매**	袖
0609 □□	**반팔**	半袖　漢 半-
0610 □□	**외투**	コート、外套　漢 外套
0611 □□	**깃** [긷]	襟
0612 □□	**띠**	帯

解説　0608 **손수건을**は、[손쑤거늘]と発音 (合成語の濃音化) 。　0612 **태권도**は、[태꿘도]と発音 (漢字語の濃音化) 。

옷차림만 보고 사람을 판단하면 안 되죠.	身なりだけを見て人を判断したら駄目でしょう。
외모도 중요하지만 실력을 갖추는 데도 신경을 써라.	外見も重要ですが、実力を備えることにも神経を使いなさい。
평상복 차림으로 갈아입고 나오세요.	普段着に着替えて出てきてください。
살이 쪄서 **허리띠**를 세게 맬 수 없다.	太ってベルトを強く締められない。
각 나라마다 **의상**이 독특한 것이 좋다.	国ごとに衣装が独特なのがいい。
한복을 입고 가면 입장료를 할인해 준다고 한다.	韓服を着て行くと入場料を割引してくれるそうだ。
그 사람은 **청바지**를 좋아해서 항상 그 패션이야.	その人はジーンズが好きでいつもそのファッションだ。
発 **소매**로 자꾸 콧물을 닦은 아이에게 <u>손수건</u>을 건넸다.	袖でしきりに鼻水を拭く子にハンカチを渡した。
반팔과 반바지만 입고 일해도 됩니다.	半袖と半ズボンで仕事をしてもいいです。
추우니까 **외투**를 반드시 입고 나와.	寒いのでコートを必ず着て出てきなさい。
사람들이 추운지 옷의 **깃**을 세우고 다닌다.	寒いのか、人々は服の襟を立てて歩いている。
発 태권도는 검은 **띠**가 가장 높은 급임을 나타낸다.	テコンドーは、黒帯が最も高い級であることを表す。

1週目
2週目
3週目
4週目
5週目
6週目
7週目
8週目
9週目
10週目
11週目
12週目

0613	**끈**	ひも
□□		

0614	**솜**	綿
□□		

0615	**비단**	シルク　漢 緋緞
□□		

0616	**가죽**	革、皮、皮革
□□		

0617	**다리미**	アイロン
□□		

0618	**명품**	ブランド　漢 名品
□□		

0619	**진품**	本物　漢 真品
□□		

0620	**가짜**	偽物　漢 仮- 対 진짜 本物
□□		

0621	**반지**	指輪　漢 斑指 類 가락지
□□		

0622	**부채**	扇子
□□		

0623	**보자기**	風呂敷　漢 褓--
□□		

0624	**배낭**	リュックサック　漢 背囊
□□		

解説　0620 **진품인 줄 알고**は、진품 (本物) に~**이다**, -**ㄴ 줄 알고**が付いた形。**가짜였다니**は、가짜に~**이다**, -**었다니**が付いた形。　0624 **유럽 여행**は、[유럼 녀행]と発音 (ㄴ 挿入)。

운동화 **끈**을 아무리 꽉 묶어도 걷다 보면 풀린다.	運動靴のひもはいくらぎゅっと結んでも歩いているとほどける。
어머니는 **솜**이 많이 들어간 이불을 선물해 주셨다.	母は綿がたくさん入った布団をプレゼントしてくださった。
옛날에는 **비단**이 최고급 소재였죠.	昔はシルクが最高級の素材でした。
가죽 지갑은 오래 쓸 수 있어서 좋다.	革の財布は長く使うことができるので良い。
주말이면 와이셔츠를 **다리미**질한다.	週末になるといつもワイシャツをアイロンがけする。
명품만 좋아하는 사람과 만나니 힘드네요.	ブランドばかり好きな人と付き合うと大変ですね。
이 물건이 **진품**인지 확인하고 싶습니다.	これが本物か確認したいです。
🗂 진품인 줄 알고 산 물건이 **가짜**였다니 화가 나네요.	本物だと思って買った品物が偽物だったなんて、腹が立ちますね。
결혼을 약속하면서 둘만의 **반지**를 새로 마련했다.	結婚を約束して二人だけの指輪を新しく用意した。
관광지에 가서 그 지역 풍경이 담긴 **부채**를 샀다.	観光地に行って、その地域の風景があしらわれた扇子を買った。
보자기에 물건과 함께 떡을 싸서 장사하며 먹었다.	風呂敷に品物と一緒に餅を包んで商売をしながら食べた。
發 **배낭** 하나만 메고 유럽 여행을 떠났다.	リュックサック一つだけ担いで欧州旅行に出発した。

0625 □□	**튀다**	跳ねる、はじける
0626 □□	**뻗다** [뻗따]	伸ばす、伸びる、(手などを) 差し伸べる 類 펴다 対 접다 折り畳む
0627 □□	**내밀다**	突き出す、突き出る、張り出す 活 ㄹ語幹
0628 □□	**숙이다** [수기다]	(頭、首を) 下げる、うなだれる、うつむく 類 굽히다, 구부리다 対 들다 上げる
0629 □□	**까불다**	ふざける、軽々しく振る舞う 活 ㄹ語幹
0630 □□	**행하다**	行う、なす 漢 行-- 活 하다用言
0631 □□	**빌다**	祈る、請う 活 ㄹ語幹
0632 □□	**근로하다** [글로하다]	勤める、勤労する 漢 勤労-- 活 하다用言
0633 □□	**긁다** [극따]	かく 関 긁히다 かかれる、ひっかかれる
0634 □□	**버티다**	持ちこたえる、耐える、辛抱する 類 견디다
0635 □□	**삼가다**	遠慮する、慎む
0636 □□	**뉘우치다**	後悔する

解説　0629 **큰코다친다**는、**큰코다치다** (ひどい目に遭う) に-ㄴ다が付いた形。

내가 공을 힘껏 던지자 벽을 맞고 **튀어** 돌아왔다.	私がボールを力いっぱい投げると、壁に当たって跳ね返ってきた。
계약이 성립됐으니 이제 두 다리 **뻗고** 잘 수 있겠네요.	契約が成立したので、ようやく枕を高くして（両足を伸ばして）眠れますね。
강아지가 창문 밖으로 고개를 **내밀고** 있는 게 귀엽네요.	犬が窓の外に顔を出しているのがかわいいですね。
아이가 선생님을 만나자 고개를 **숙이고** 인사를 했다.	子どもが先生に会うや頭を下げてあいさつをした。
文 그렇게 **까불다가** <u>큰코다친다</u>.	そうやってふざけているとひどい目に遭うぞ。
나라에서 **행하는** 시험에 합격하면 공무원이 될 수 있죠.	国が行う試験に合格したら公務員になれるでしょう。
앞으로도 하시는 사업이 더욱 잘되기를 **빕니다**.	これからもなさっている事業がよりうまくいくよう祈ります。
아버지는 이 회사를 위해 성실히 **근로하셨습니다**.	父はこの会社のために誠実に勤めていらっしゃいました。
간지럽다고 자꾸 **긁으면** 피부가 상하니 조심하세요.	かゆいからとしきりにかくと肌が傷むので気を付けてください。
이런 대우를 받고 더 이상 **버틸** 힘이 없습니다.	こんな待遇を受けてこれ以上持ちこたえる力がありません。
전철 안에서 전화 통화는 **삼가시기** 바랍니다.	電車の中で電話で話をするのはご遠慮願います。
젊은 시절의 잘못은 지금도 **뉘우치고** 있어요.	若い頃の失敗は今も後悔しています。

動詞 16 _ 主体の動作

0637 □□	**거듭하다** [거드파다]	重ねる、繰り返す 活 하다用言 類 되풀이하다
0638 □□	**명심하다** [명시마다]	肝に銘ずる 漢 銘心-- 活 하다用言
0639 □□	**시도하다**	試みる 漢 試図-- 活 하다用言 名 시도 関 시도되다 試みられる
0640 □□	**데이트하다**	デートする 外 date-- 活 하다用言
0641 □□	**낚시하다** [낙씨하다]	釣りをする 活 하다用言
0642 □□	**약혼하다** [야코나다]	婚約する 漢 約婚-- 活 하다用言
0643 □□	**참여하다** [차며하다]	参加する、参与する 漢 参与-- 活 하다用言 名 참여 類 참가하다
0644 □□	**짖다** [짇따]	ほえる、やかましくしゃべりちらす
0645 □□	**설사하다** [설싸하다]	下痢をする、腹を下す 漢 泄瀉-- 活 하다用言
0646 □□	**토하다**	吐く 漢 吐-- 活 하다用言
0647 □□	**지르다**	叫ぶ、声を張り上げる 活 르変則 類 치다
0648 □□	**솟다** [솓따]	湧く、噴き出す、突き出る、昇る、そびえる

解説　0637 **실수**는、[**실쑤**]と発音（漢字語の濃音化）。　0638 **명심하도록 하겠습니다**는、명심하다に-**도록 하겠습니다**が付いた形。　0645 **설사해서**는、[**설싸해서**]と発音（漢字語の濃音化）。　0647 **지르길래**는、**지르다**に-**길래**が付いた形。　0648 **갔더니**는、**가다**（行く）に-**더니**が付いた形。

發 실수를 **거듭하면** 일을 더 이상 못 하게 돼.	ミスを繰り返すと仕事をそれ以上できなくなる。
文 그 이야기는 **명심하도록** 하겠습니다.	その話は肝に銘じます。
계속 전화 연결을 **시도하고** 있습니다.	ずっと電話の接続を試みています。
모처럼 **데이트하는** 날이라 옷을 예쁘게 입고 나갔다.	せっかくのデートなので、かわいい服を着て出掛けた。
주말에 **낚시하러** 가서 멍하니 있는 걸 좋아해요.	週末、釣りをしに行ってぼうっとしているのが好きです。
약혼한 사람과 한동안 떨어져 지내게 됐다.	婚約した人としばらくの間離れて過ごすことになった。
젊은 사람들이 **참여하는** 행사에 가고 싶어요.	若い人たちが参加するイベントに行きたいです。
집 근처에 가자 개가 **짖기** 시작했다.	家の近くに行くと犬がほえ始めた。
發 배탈이 났는지 아침부터 **설사해서** 기운이 없어요.	おなかを壊したのか、朝からずっと下痢していて元気がありません。
무엇인가를 잘못 먹었는지 친구가 계속 **토하고** 있다.	何か悪い物でも食べたのか、友達がずっと吐いている。
文 누군가 갑자기 소리를 **지르길래** 깜짝 놀라 쳐다봤다.	誰かが突然叫んだのでびっくりしてまじまじと見た。
文 산 깊은 곳에 갔더니 맑은 물이 **솟고** 있었어요.	山深い所に行ったら澄んだ水が湧いていました。

| 0649 □□ | **둥글다** | 丸い |
| | | 活 ㄹ語幹　類 동그랗다 |

| 0650 □□ | **동그랗다** [동그라타] | 丸い |
| | | 活 ㅎ変則　類 둥글다 |

| 0651 □□ | **구불구불하다** [구불구부라다] | 曲がりくねっている、くねくねしている |
| | | 活 하다用言 |

| 0652 □□ | **명확하다** [명화카다] | 明確だ　漢 明確-- |
| | | 活 하다用言 |

| 0653 □□ | **뚜렷하다** [뚜려타다] | はっきりしている |
| | | 活 하다用言 |

| 0654 □□ | **환하다** [화나다] | 明るい、広々としている、詳しい |
| | | 活 하다用言　類 밝다　対 어둡다 暗い |

| 0655 □□ | **연하다** [여나다] | (色が) 薄い、(肉などが) 軟らかい　漢 軟-- |
| | | 活 하다用言　対 딱딱하다 固い |

| 0656 □□ | **희미하다** [히미하다] | ぼんやりしている、かすかだ　漢 稀微-- |
| | | 活 하다用言 |

| 0657 □□ | **진하다** [지나다] | 濃い　漢 津-- |
| | | 活 하다用言　類 짙다　対 연하다 (色などが) 薄い |

| 0658 □□ | **화려하다** | 派手だ、華麗だ、華やかだ　漢 華麗-- |
| | | 活 하다用言 |

| 0659 □□ | **눈부시다** | まぶしい |
| | | 類 찬란하다 |

| 0660 □□ | **캄캄하다** [캄카마다] | 真っ暗だ、希望が持てない |
| | | 活 하다用言 |

解説　0649 모르는 일입니다는、[모르는 니림니다]と発音 (ㄴ挿入) 。　0660 떨어지고 나니는、**떨어지다** (落ちる) に-고 나니が付いた形。

発 공은 **둥그니까** 경기는 해 보지 않으면 <u>모르는 일입니다.</u>	ボールは丸いので、試合はやってみないと分かりません。
눈이 **동그란** 그 아이가 정말 귀여웠다.	目が丸いその子が本当にかわいかった。
길이 **구불구불해서** 가기가 힘들었다.	道が曲がりくねっているので行くのが大変だった。
이번 회의는 결론이 **명확해서** 좋네요.	今回の会議は結論が明確でいいですね。
조명에 비친 사람들의 그림자가 **뚜렷하다.**	照明に照らされた人たちの影がはっきりしている。
여기는 해가 길어서 저녁이 되어도 밖이 **환하네요.**	ここは日が長いので夕方になっても外が明るいですね。
봄철에는 주로 **연한** 색의 원피스를 입습니다.	春には主に薄い色のワンピースを着ます。
안개가 껴서 사람들의 모습이 **희미하다.**	霧がかかって人の姿がぼんやりしている。
피곤할 때는 커피를 **진하게** 타서 마시고 있어요.	疲れている時はコーヒーを濃く入れて飲んでいます。
여기는 **화려한** 옷을 좋아하는 사람이 온다.	ここは華やかな服が好きな人が来る。
패션쇼에서 그녀의 모습은 정말 **눈부셨어요.**	ファッションショーで彼女の姿は本当にまぶしかったです。
文 준비해 왔던 시험에 <u>떨어지고 나니</u> 앞날이 **캄캄했다.**	準備してきた試験に落ちてから、将来が真っ暗だった。

0661 □□	**마음껏** [마음껃]	心おきなく、思い切り、思う存分、精いっぱい 類 실컷
0662 □□	**실컷** [실컫]	思う存分、十二分に、飽きるほど 類 마음껏
0663 □□	**편히** [펴니]	気楽に、ゆったりと　　漢 便-
0664 □□	**꽉**	ぎゅっと、しっかりと 類 힘껏
0665 □□	**통틀어** [통트러]	ひっくるめて
0666 □□	**쭉**	ずっと、ずらりと、ぐいっと、さっと
0667 □□	**영**	まったく、全然
0668 □□	**텅**	がらんと
0669 □□	**확**	ぐっと、ぱっと、ひゅうっと、びゅうっと
0670 □□	**탁**	こつんと、ぽんと
0671 □□	**썩**	ずばぬけて、さっさと
0672 □□	**활짝**	ぱあっと、からっと

解説　0670 **치기만 해도**は、**치다** (たたく) に-**기만 해도**が付いた形。

시험이 끝나서 노래방에서 **마음껏** 노래를 불렀다.	試験が終わったので、カラオケで心おきなく歌を歌った。
다이어트 후 참았던 고기를 **실컷** 먹었다가 체했다.	ダイエット後、我慢していた肉を思う存分食べたら胃もたれした。
놀러 왔지만 자기 집이라고 생각하고 **편히** 쉬세요.	遊びに来たけど、自分の家と思って気楽に休んでください。
発 소녀는 엄마 손을 **꽉** 잡고 놓지 않았다.	少女は、お母さんの手をぎゅっと握って離さなかった。
이거 **통틀어** 얼마인지 알려 주세요.	これ、ひっくるめていくらか教えてください。
쭉 지켜봤는데 자네가 제일 일을 잘하는 것 같네.	ずっと見守っていたけど、君が一番仕事ができるようだね。
어머니는 내 남친이 **영** 마음에 들지 않는다고 했다.	母は私の彼氏がまったく気に入らないと言った。
명절 때 친척들이 돌아가자 집이 **텅** 빈 것 같았다.	節句の時、親戚たちが帰ると家ががらんと空いたようだった。
가끔은 가슴을 **확** 열고 소리치는 시간이 필요해.	時々はぐっと腹を割って叫ぶ時間が必要だ。
文 너무 말라서 손으로 **탁** <u>치기만 해도</u> 쓰러지겠다.	あまりにも痩せているので、手でこつんとたたいただけでも倒れそうだ。
이 보고서가 내 마음에 **썩** 드는 것은 아니에요.	この報告書がずばぬけて気に入ったのではありません。
벚꽃이 **활짝** 피어서 거리마다 사람들이 붐빕니다.	桜がぱあっと咲いて、道が人でいっぱいです。

1週目
2週目
3週目
4週目
5週目
6週目
7週目
8週目
9週目
10週目
11週目
12週目

53日目 [TR078]

☐ 0625	튀다	튀고	튀면	튀니까	튀어서
☐ 0626	뻗다	뻗고	뻗으면	뻗으니까	뻗어서
☐ 0627	내밀다 ㄹ語幹	내밀고	내밀면	내미니까	내밀어서
☐ 0628	숙이다	숙이고	숙이면	숙이니까	숙여서
☐ 0629	까불다 ㄹ語幹	까불고	까불면	까부니까	까불어서
☐ 0630	행하다 하用	행하고	행하면	행하니까	행해서
☐ 0631	빌다 ㄹ語幹	빌고	빌면	비니까	빌어서
☐ 0632	근로하다 하用	근로하고	근로하면	근로하니까	근로해서
☐ 0633	굵다	굵고	굵으면	굵으니까	굵어서
☐ 0634	버티다	버티고	버티면	버티니까	버텨서
☐ 0635	삼가다	삼가고	삼가면	삼가니까	삼가서
☐ 0636	뉘우치다	뉘우치고	뉘우치면	뉘우치니까	뉘우쳐서

54日目 [TR079]

☐ 0637	거듭하다 하用	거듭하고	거듭하면	거듭하니까	거듭해서
☐ 0638	명심하다 하用	명심하고	명심하면	명심하니까	명심해서
☐ 0639	시도하다 하用	시도하고	시도하면	시도하니까	시도해서
☐ 0640	데이트하다 하用	데이트하고	데이트하면	데이트하니까	데이트해서
☐ 0641	낚시하다 하用	낚시하고	낚시하면	낚시하니까	낚시해서
☐ 0642	약혼하다 하用	약혼하고	약혼하면	약혼하니까	약혼해서

用言の四つの活用形を掲載しました。活用が正則でない場合は、基本形の横に変則活用の種類をアイコンで示しました（アイコンの見方はP.010参照）。

□ 0643	**참여하다** 하用	참여하고	참여하면	참여하니까	참여해서
□ 0644	**짖다**	짖고	짖으면	짖으니까	짖어서
□ 0645	**설사하다** 하用	설사하고	설사하면	설사하니까	설사해서
□ 0646	**토하다** 하用	토하고	토하면	토하니까	토해서
□ 0647	**지르다** 르変	지르고	지르면	지르니까	질러서
□ 0648	**솟다**	솟고	솟으면	솟으니까	솟아서

55日目　[TR080]

□ 0649	**둥글다** ㄹ語幹	둥글고	둥글면	둥그니까	둥글어서
□ 0650	**동그랗다** ㅎ変	동그랗고	동그라면	동그라니까	동그래서
□ 0651	**구불구불하다** 하用	구불구불하고	구불구불하면	구불구불하니까	구불구불해서
□ 0652	**명확하다** 하用	명확하고	명확하면	명확하니까	명확해서
□ 0653	**뚜렷하다** 하用	뚜렷하고	뚜렷하면	뚜렷하니까	뚜렷해서
□ 0654	**환하다** 하用	환하고	환하면	환하니까	환해서
□ 0655	**연하다** 하用	연하고	연하면	연하니까	연해서
□ 0656	**희미하다** 하用	희미하고	희미하면	희미하니까	희미해서
□ 0657	**진하다** 하用	진하고	진하면	진하니까	진해서
□ 0658	**화려하다** 하用	화려하고	화려하면	화려하니까	화려해서
□ 0659	**눈부시다**	눈부시고	눈부시면	눈부시니까	눈부셔서
□ 0660	**캄캄하다** 하用	캄캄하고	캄캄하면	캄캄하니까	캄캄해서

1週目
2週目
3週目
4週目
5週目
6週目
7週目
8週目
9週目
10週目
11週目
12週目

□ 0589 **통증**

□ 0590 **몸살**

□ 0591 **독감**

□ 0592 **기침**

□ 0593 **재채기**

□ 0594 **화상**

□ 0595 **여드름**

□ 0596 **배탈**

□ 0597 **체증**

□ 0598 **오줌**

□ 0599 **똥**

□ 0600 **안약**

□ 0601 **옷차림**

□ 0602 **외모**

□ 0603 **평상복**

□ 0604 **허리띠**

□ 0605 **의상**

□ 0606 **한복**

□ 0607 **청바지**

□ 0608 **소매**

□ 0609 **반팔**

□ 0610 **외투**

□ 0611 **깃**

□ 0612 **띠**

□ 0613 **끈**

□ 0614 **솜**

□ 0615 **비단**

□ 0616 **가죽**

□ 0617 **다리미**

□ 0618 **명품**

□ 0619 **진품**

□ 0620 **가짜**

□ 0621 **반지**

□ 0622 **부채**

□ 0623 **보자기**

□ 0624 **배낭**

□ 0625 **튀다**

□ 0626 **뻗다**

□ 0627 **내밀다**

□ 0628 **숙이다**

□ 0629 **까불다**

□ 0630 **행하다**

次の韓国語の訳を書いてみましょう。分からなかった単語は、前に戻ってもう一度覚えましょう。

□ 0631 빌다

□ 0632 근로하다

□ 0633 굵다

□ 0634 버티다

□ 0635 삼가다

□ 0636 뉘우치다

□ 0637 거듭하다

□ 0638 명심하다

□ 0639 시도하다

□ 0640 데이트하다

□ 0641 낚시하다

□ 0642 약혼하다

□ 0643 참여하다

□ 0644 짖다

□ 0645 설사하다

□ 0646 토하다

□ 0647 지르다

□ 0648 솟다

□ 0649 둥글다

□ 0650 동그랗다

□ 0651 구불구불하다

□ 0652 명확하다

□ 0653 뚜렷하다

□ 0654 환하다

□ 0655 연하다

□ 0656 희미하다

□ 0657 진하다

□ 0658 화려하다

□ 0659 눈부시다

□ 0660 캄캄하다

□ 0661 마음껏

□ 0662 실컷

□ 0663 편히

□ 0664 꽉

□ 0665 통틀어

□ 0666 쭉

□ 0667 영

□ 0668 텅

□ 0669 확

□ 0670 탁

□ 0671 썩

□ 0672 활짝

1週目
2週目
3週目
4週目
5週目
6週目
7週目
8週目
9週目
10週目
11週目
12週目

☐ 0589 痛み	☐ 0610 コート
☐ 0590 体調不良	☐ 0611 襟
☐ 0591 インフルエンザ	☐ 0612 帯
☐ 0592 せき	☐ 0613 ひも
☐ 0593 くしゃみ	☐ 0614 綿
☐ 0594 やけど	☐ 0615 シルク
☐ 0595 にきび	☐ 0616 革
☐ 0596 下痢	☐ 0617 アイロン
☐ 0597 胃もたれ	☐ 0618 ブランド
☐ 0598 小便	☐ 0619 本物
☐ 0599 ふん	☐ 0620 偽物
☐ 0600 目薬	☐ 0621 指輪
☐ 0601 身なり	☐ 0622 扇子
☐ 0602 外見	☐ 0623 風呂敷
☐ 0603 普段着	☐ 0624 リュックサック
☐ 0604 ベルト	☐ 0625 跳ねる
☐ 0605 衣装	☐ 0626 伸ばす
☐ 0606 韓服	☐ 0627 突き出す
☐ 0607 ジーンズ	☐ 0628 （頭、首を）下げる
☐ 0608 袖	☐ 0629 ふざける
☐ 0609 半袖	☐ 0630 行う

次の日本語に該当する単語を書いてみましょう。分からなかった単語は、前に戻ってもう一度覚えましょう。

□ 0631 祈る

□ 0632 勤める

□ 0633 かく

□ 0634 持ちこたえる

□ 0635 遠慮する

□ 0636 後悔する

□ 0637 重ねる

□ 0638 肝に銘ずる

□ 0639 試みる

□ 0640 デートする

□ 0641 釣りをする

□ 0642 婚約する

□ 0643 参加する

□ 0644 ほえる

□ 0645 下痢をする

□ 0646 吐く

□ 0647 叫ぶ

□ 0648 湧く

□ 0649 丸い

□ 0650 丸い

□ 0651 曲がりくねっている

□ 0652 明確だ

□ 0653 はっきりしている

□ 0654 明るい

□ 0655 （色が）薄い

□ 0656 ぼんやりしている

□ 0657 濃い

□ 0658 派手だ

□ 0659 まぶしい

□ 0660 真っ暗だ

□ 0661 心おきなく

□ 0662 思う存分

□ 0663 気楽に

□ 0664 ぎゅっと

□ 0665 ひっくるめて

□ 0666 ずっと

□ 0667 まったく

□ 0668 がらんと

□ 0669 ぐっと

□ 0670 こつんと

□ 0671 ずばぬけて

□ 0672 ぱあっと

1週目

2週目

3週目

4週目

5週目

6週目

7週目

8週目

9週目

10週目

11週目

12週目

01　ブランドでなくてもいい製品はたくさんありますよ。

02　毎朝アイロンをかけるのは大変です。

03　いろいろな種類をひっくるめて、こう呼びます。

04　ひどいせきだから病院に行った方がいいよ。

05　以前はジーンズをたまにはいたりしていました。

06　来月の公演で使う衣装が届きましたよ。

07　時間はたくさんあるから、思う存分遊ぼう。

08　こんなに寒いのにどうして半袖を着ているんですか?

09　木の枝が伸びているので、少し切りましょうか?

10　今年はもうインフルエンザがはやってるの?

11　舞台に立つ時は化粧を濃くします。

12　いろいろな方法を試してみたら、進展があるかもしれないよ。

13　ベルトをぎゅっと締めたら少し痛いですね。

14　部屋の中には誰もおらず、がらんと空いていた。

15　ずっと働いていたら、体調不良になったみたいです。

16　山の中は曲がりくねっている道が多いです。

17　あの人がここに来た目的ははっきりしている。

18　この指輪は偽物のようです。

19　後悔したくないので、今一生懸命やっています。

20　この道をずっと行けば目的地に着くはずですよ。

» 解答は P.307

» 語尾・表現

-ㄴ/-은 줄 알다	~だと思う	0620
-ㄴ다/-는다	~するよ、~するぞ	0629
-도록 하다	~するようにする、~することにする	0638
-길래	~するので・なので、~するから・だから	0647
-기만 해도	~するだけでも・であるだけでも	0670

準2級

9週目

0673 □□	**실**	糸
0674 □□	**바늘**	針 類 침
0675 □□	**베개**	枕
0676 □□	**방석**	座布団　漢 方席
0677 □□	**담요** [담뇨]	毛布　漢 毯-
0678 □□	**장**	棚、たんす　漢 欌
0679 □□	**커튼**	カーテン　外 curtain
0680 □□	**자명종**	目覚まし時計　漢 自鳴鐘
0681 □□	**세면장**	洗面所　漢 洗面場
0682 □□	**빗** [빋]	くし
0683 □□	**칫솔** [칟쏠]	歯ブラシ　漢 歯- 関 치약 歯磨き粉
0684 □□	**화장지**	トイレットペーパー　漢 化粧紙

解説　0677 **담요**は、[**담뇨**]と発音 (ㄴ挿入)。**가져다 달라고**は、**가져다주다** (持ってきてくれる) の依頼の形**가져다주세요**を引用した形。　0678 **식기장**は、[**식끼짱**]と発音 (合成語の濃音化)。　0682 **빗고 나서**は、**빗다** (くしでとかす) に**-고 나서**が付いた形。

장식을 위한 옷에 달린 **실**이 풀어지면서 못 입게 됐다.	装飾のための、服にぶら下がった糸がほどけて着られなくなった。
어머니는 떨어진 단추를 **바늘**로 새롭게 달았다.	母は、落ちたボタンを針で新しく付けた。
저는 **베개**가 없으면 잠을 못 자는 편입니다.	私は枕がないと眠れない方です。
바닥이 차가우니 **방석**을 깔고 앉으세요.	床が冷たいので座布団を敷いて座ってください。
発文 비행기 안이 추워서 **담요**를 가져다 달라고 부탁했다.	飛行機の中が寒くて毛布を持ってきてくれと頼んだ。
発 그 집에는 식기**장**이 있어서 살 필요가 없다.	その家には食器棚があるので買う必要がない。
햇빛이 강렬해서 **커튼**을 치지 않으면 견딜 수 없다.	日差しが強烈で、カーテンを閉めないと耐えられない。
자명종 소리만으로 일어나기가 힘들다.	目覚ましの音だけで起きるのは大変だ。
아침부터 **세면장**에 사람들이 많았다.	朝から洗面所に人がたくさんいた。
文 머리가 너무 엉망이니 **빗**으로 곱게 빗고 나서 외출해라.	髪の毛がめちゃくちゃなのでくしできれいにとかしてから外出しなさい。
여행 가서 쓸 **칫솔**과 치약을 잊지 말고 챙기세요.	旅行先で使う歯ブラシと歯磨き粉を忘れずに準備してください。
고객 화장실에 **화장지**가 없으니 어서 보충해 주세요.	客用のトイレにトイレットペーパーがないので早く補充してください。

名詞 27 _ 家の中の物

0685 □□	**싱크대**	シンク台 外漢 sink台
0686 □□	**주전자**	やかん 漢 酒煎子
0687 □□	**손잡이** [손자비]	取っ手、握り手、ハンドル、柄
0688 □□	**뚜껑**	ふた 類 마개
0689 □□	**탁자** [탁짜]	テーブル 漢 卓子
0690 □□	**사발**	どんぶり、鉢 漢 沙鉢
0691 □□	**수저**	スプーンと箸
0692 □□	**식칼**	包丁 漢 食-
0693 □□	**도마**	まな板
0694 □□	**설거지**	食後の片付け、食器洗い
0695 □□	**바가지**	おけ、ひさご
0696 □□	**양동이**	バケツ 漢 洋--

설거지 후에는 **싱크대**를 깨끗이 닦으세요.	洗い物の後にはシンク台をきれいに拭いてください。
역시 막걸리는 **주전자**에 담아서 마셔야 맛있다.	やはりマッコリはやかんに入れて飲んでこそおいしい。
이 기계는 **손잡이**가 잡기 편해서 쓰기도 좋다.	この機械は取っ手が握るのが楽なので使うのもいい。
라면에 물을 부은 다음 **뚜껑**을 닫고 3분만 기다리세요.	ラーメンにお湯を注いだ後、ふたをして3分お待ちください。
탁자 위에 둔 내 물건을 누군가가 훔쳐가 버렸다.	テーブルの上に置いた僕の物を誰かが盗んでいってしまった。
막걸리를 **사발**로 마시는 사람이 많다.	マッコリをどんぶりで飲む人が多い。
한국과 일본은 **수저**를 놓는 방향이 다르다.	韓国と日本はスプーンと箸を置く向きが違う。
식칼로 파를 썰어서 라면에 넣었다.	包丁でネギを刻んでラーメンに入れた。
도마 위에 두부를 올려놓고 잘랐다.	まな板の上に豆腐を載せて切った。
요리는 내가 담당하고 **설거지**는 마누라가 주로 한다.	料理は僕が担当して、食後の片付けは妻が主にしている。
바가지에 물을 담아 채소에 묻어 있는 흙을 씻었다.	おけに水をくんで、野菜に付いている土を洗い流した。
천장에서 물이 떨어져서 **양동이**를 뒀다.	天井から水が落ちるのでバケツを置いた。

9週目

名詞 28 _ 家の中の物　　　[TR083]

0697 □□	**서랍**	引き出し
0698 □□	**소포**	小包　漢小包
0699 □□	**엽서** [엽써]	はがき　漢葉書
0700 □□	**화보**	グラビア、画報、写真集　漢画報
0701 □□	**견본**	見本　漢見本
0702 □□	**수첩**	手帳　漢手帖
0703 □□	**학용품** [하공품]	学用品　漢学用品
0704 □□	**필통**	筆入れ　漢筆筒
0705 □□	**붓** [붇]	筆
0706 □□	**장난감** [장난깜]	おもちゃ
0707 □□	**재떨이** [재떠리]	灰皿
0708 □□	**톱**	のこぎり

解説　0706 **장난감**을は、[**장난까물**]と発音 (合成語の濃音化) 。

서랍을 열어 보니 오래전에 써 둔 일기가 있었다.	引き出しを開けてみると、久しく前に書いた日記があった。
어머니가 김이나 반찬을 **소포**로 부쳐 주셨다.	母がのりやおかずを小包で送ってくださった。
새 여행지에 갈 때마다 그곳의 기념 **엽서**를 삽니다.	新しい旅行地に行くたびにそこの記念はがきを買います。
좋아하는 연예인의 **화보**만 모으고 있어요.	好きな芸能人のグラビアだけ集めています。
이 책의 **견본**을 좀 볼 수 있을까요?	この本の見本をちょっと見られるでしょうか?
연말에는 **수첩**을 사는 사람이 많다.	年末には手帳を買う人が多い。
초등학교 입학을 앞두고 엄마와 **학용품**을 사러 갔다.	小学校の入学を前にしてママと学用品を買いに行った。
제대로 공부하려고 **필통**에 여러 도구를 챙겨 넣었다.	ちゃんと勉強しようと筆入れにいろいろな道具を入れた。
어린애가 **붓**을 잡고 글씨 쓰는 게 여간 아니야.	子どもが筆を持って字を書くのは並大抵のことじゃないよ。
発 아이에게 **장난감**을 너무 많이 사 주면 안 좋아요.	子どもにおもちゃをあまりにもたくさん買うのはよくありません。
금연을 하면서 **재떨이**도 치워 버렸다.	禁煙をして灰皿も片付けてしまった。
톱은 나무를 벨 때 쓰는 물건이죠.	のこぎりは木を切るとき使う物でしょう。

1週目
2週目
3週目
4週目
5週目
6週目
7週目
8週目
9週目
10週目
11週目
12週目

215

0709 □□	**끊기다** [끈키다]	断たれる、切られる、切れる 類 단절되다　関 끊다 断つ
0710 □□	**잘리다**	切られる、絶たれる、首になる、踏み倒される 関 자르다 切る
0711 □□	**부러지다**	折れる 類 꺾이다　関 부러뜨리다 折る
0712 □□	**망하다**	つぶれる、滅びる　漢 亡-- 活 하다用言　類 멸망하다
0713 □□	**무너지다**	崩れる、倒れる
0714 □□	**적히다** [저키다]	記される、記録される 関 적다 記す
0715 □□	**담기다**	(心が) 込められる、器に盛られる、入れられる 関 담다 込める
0716 □□	**뽑히다** [뽀피다]	選ばれる、抜かれる 関 뽑다 抜く
0717 □□	**덮이다** [더피다]	覆われる、かぶせられる 関 덮다 覆う
0718 □□	**실리다**	載せられる、載る、積まれる 関 싣다 載せる
0719 □□	**주어지다**	与えられる 関 주다 与える
0720 □□	**찍히다** [찌키다]	押される、刷られる、撮られる 関 찍다 押す

解説　0712 **무리한 영업**は、[**무리한 녕업**]と発音 (ㄴ挿入)。**망하고 말았죠**は、**망하다**に-고 말았다、-죠が付いた形。　0717 **길거리**は、[**길꺼리**]と発音 (合成語の濃音化)。　0719 **출세할**は、[**출쎄할**]と発音 (漢字語の濃音化)。

216

지진으로 전기가 **끊기면서** 며칠째 고생하고 있습니다.	地震で電気 (の供給) が絶たれて数日間苦労しています。
태풍으로 **잘린** 나뭇가지가 어지럽게 떨어져 있었.	台風で切断された木の枝が散らばっていた。
급히 뛰어가다가 넘어져서 그만 팔이 **부러졌어요**.	急いで走っていたら、転んで腕が折れました。
発文 그 회사는 <u>무리한 영업</u> 때문에 **망하고** 말았죠.	その会社は無理な営業のせいでつぶれてしまいました。
지진이 나면 건물이 **무너지는** 경우도 있습니다.	地震が起きると建物が崩れることもあります。
여기에 **적혀** 있는 사람들을 찾고 있습니다만.	ここに記されている人たちを探しているのですが。
이 선물은 여자 친구의 마음이 **담겨** 있습니다.	このプレゼントは彼女の心が込められています。
우리 반 대표로 외국인이 **뽑혔습니다**.	うちのクラスの代表として外国人が選ばれました。
発 새벽 눈에 **덮인** <u>길거리</u> 풍경이 참 아름다웠다.	明け方、雪に覆われた街の風景がとても美しかった。
잡지에 **실린** 기사를 읽으면 여러 가지 도움이 됩니다.	雑誌に載せられた記事を読むといろいろ役に立ちます。
発 나에게 **주어지는** 기회를 잘 살려서 <u>출세</u>할 겁니다.	私に与えられる機会をうまく生かして出世するつもりです。
도장이 **찍히지** 않은 책을 들고 나가면 안 됩니다.	判が押されていない本を持って出てはいけません。

0721 □□	**먹히다** [머키다]	食われる 閱 먹다 食べる
0722 □□	**끌리다**	引かれる、魅せられる 閱 끌다 引く
0723 □□	**읽히다** [일키다]	読まれる、読ませる 閱 읽다 読む
0724 □□	**시들다**	枯れる、しぼむ、しおれる 活 ㄹ語幹
0725 □□	**숨지다**	息を引き取る、亡くなる 類 죽다
0726 □□	**가라앉다** [가라안따]	沈む、鎮まる、静まる 対 뜨다 浮く
0727 □□	**배다**	染み付く、染み込む、身に付く 類 스미다
0728 □□	**새다**	漏れる 類 흘러나오다
0729 □□	**넘치다**	あふれる、こぼれる、みなぎる 閱 넘다 越える
0730 □□	**잠기다¹**	浸る、沈む、つかる、ふける 閱 잠그다 浸す
0731 □□	**흘러내리다**	流れ落ちる、こぼれる
0732 □□	**번지다**	染みる、にじむ

解説　0724 **주었더니**は、**주다** (やる) に-**었더니**が付いた形。　0727 **먹었더니**は、**먹다** (食べる) に-**었더니**が付いた形。

사슴이 호랑이에게 잡혀서 **먹히는** 걸 본 적이 있어요.	シカが虎に捕まって食われるのを見たことがあります。
오늘 처음 만난 그녀에게 왠지 **끌렸어요**.	今日初めて会った彼女になぜだか引かれました。
이 동화책은 아이들보다 어른들에게 더 많이 **읽힙니다**.	この童話は子どもより大人にもっと読まれています。
文 한동안 꽃에 물을 안 <u>주었더니</u> **시들어** 버렸다.	しばらくの間、花に水をやらなかったら枯れてしまった。
이번 사고로 **숨진** 사람이 많아서 사람들이 놀라고 있다.	今回の事故で亡くなった人が多く、人々が驚いている。
배가 **가라앉으면서** 많은 사람들이 탈출하고 있습니다.	船が沈むにつれて多くの人が脱出しています。
文 동료와 고기를 구워 <u>먹었더니</u> 냄새가 양복에 **뱄다**.	同僚と肉を焼いて食べたらにおいがスーツに染み込んだ。
지붕에 구멍이 났는지 비가 올 때마다 **샙니다**.	屋根に穴が空いたのか、雨が降るたびに漏れます。
장마철 비가 많이 오면서 강물이 **넘치고** 있습니다.	梅雨に雨がたくさん降って川の水があふれています。
책을 읽다 보니 내 지난날에 대해 생각에 **잠겼다**.	本を読んでいて、私の過ぎし日について思いに浸っていた。
그 사람을 보자 갑자기 눈물이 **흘러내렸다**.	その人に会うや、突然涙が流れ落ちた。
잉크를 흘리자 종이에 빠르게 **번졌다**.	インクをこぼすと、紙に素早く染みた。

1週目
2週目
3週目
4週目
5週目
6週目
7週目
8週目
9週目
10週目
11週目
12週目

0733 □□	**흉하다**	不吉だ、忌まわしい、醜い 漢 凶-- 活 하다用言
0734 □□	**독특하다** [독트카다]	独特だ 漢 独特-- 活 하다用言 類 특이하다
0735 □□	**색다르다** [색따르다]	風変わりだ、異色だ 漢 色--- 活 르変則
0736 □□	**다양하다**	多様だ 漢 多様-- 活 하다用言
0737 □□	**근사하다**	すてきだ、かっこいい、似通っている 漢 近似-- 活 하다用言 類 멋있다
0738 □□	**멋지다** [먿찌다]	かっこいい、素晴らしい、すてきだ 類 훌륭하다
0739 □□	**촌스럽다** [촌스럽따]	田舎くさい、やぼったい 漢 村--- 活 ㅂ変則
0740 □□	**평범하다** [평버마다]	平凡だ 漢 平凡-- 活 하다用言 対 비범하다 非凡だ
0741 □□	**새하얗다** [새하야타]	真っ白だ 活 ㅎ変則
0742 □□	**새까맣다** [새까마타]	真っ黒だ 活 ㅎ変則
0743 □□	**새파랗다** [새파라타]	真っ青だ 活 ㅎ変則
0744 □□	**새빨갛다** [새빨가타]	真っ赤だ 活 ㅎ変則

解説   0733 **흉한 일이**는、[**흉한 니리**]と発音（ㄴ挿入）。   0738 **특별한 일이**는、[**특뼈란 니리**] と発音（ㄴ挿入）。   0744 **바르고 나니**는、**바르다**（塗る）に**-고 나니**が付いた形。

発 까마귀가 오면 **흉한 일이** 생길 거라고 했다.	カラスが来ると不吉なことが起きるだろうと言われていた。
그의 의견은 다른 사람과 달리 **독특했다.**	彼の意見は他の人と違って独特だった。
고향에서 먹던 것과 달리 이 음식은 **색다르네요.**	故郷で食べた物と違い、この食べ物は風変わりですね。
다양한 의견은 존중받아야 한다고 생각해.	多様な意見は尊重されなければいけないと思う。
근사한 양복을 입고 결혼식에 갔다.	すてきな背広を着て結婚式に行った。
発 오늘따라 옷이 **멋진데** 뭔가 **특별한 일이** 있나요?	今日に限って服がかっこいいんだけど、何か特別なことがあるんですか?
요즘 그런 옷을 입으면 **촌스럽다고** 해요.	最近、そういう服を着ると田舎くさいそうです。
나는 **평범해서** 대표 같은 건 못 해.	私は平凡なので代表みたいなことはできない。
누구나 아기의 **새하얀** 피부를 좋아한다.	誰もが赤ちゃんの真っ白な肌が好きだ。
뭘 하고 놀았는지 아이 발이 **새까맣다.**	何をして遊んだのか、子どもの足が真っ黒だ。
그는 놀랐는지 **새파란** 얼굴을 하고 왔다.	彼は驚いたのか、真っ青な顔をして来た。
文 립스틱을 바르고 나니 입술이 **새빨갛네.**	口紅を塗ったら唇が真っ赤だね。

221

副詞 08 _ 文章副詞

0745 ☐☐	**요컨대**	要するに、要は 漢 要--
0746 ☐☐	**그럼에도** [그러메도]	それにもかかわらず
0747 ☐☐	**심지어**	その上、甚だしくは 漢 甚至於
0748 ☐☐	**더욱이** [더우기]	しかも、なおさら、その上に
0749 ☐☐	**하물며**	ましてや、なおさら
0750 ☐☐	**좌우간**	とにかく、何はともあれ 漢 左右間
0751 ☐☐	**하여간**	とにかく、いずれにせよ 漢 何如間 類 아무튼, 하여튼
0752 ☐☐	**하여튼**	とにかく、いずれにせよ 漢 何如- 類 아무튼, 하여간
0753 ☐☐	**아무튼**	とにかく、いずれにせよ 類 하여간, 하여튼
0754 ☐☐	**어차피**	どの道、どうせ 漢 於此彼
0755 ☐☐	**이왕**	どうせ、せっかく 漢 已往
0756 ☐☐	**그나저나**	ともかく、どうあれ

解説　0747 속이기까지 하다니는、속이다 (だます) に-기까지 하다、-다니が付いた形。　0749 돕겠니?는、돕다 (手伝う) に-겠니?が付いた形。　0752 하도록 합시다는、하다 (する) に -도록 합시다が付いた形。　0753 지나간 일을은、[지나간 니를]と発音 (ㄴ挿入)。新しい 일을은、[새로운 니를]と発音 (ㄴ挿入)。　0756 어쩌니?는、어쩌다 (どうする) に-니? ↗

요컨대 네가 할 수 있는 게 뭔지 생각해 봐.	要するに、君ができることは何か考えてみて。
그럼에도 꿈을 포기하지 않았다.	それにもかかわらず夢を諦めなかった。
文 **심지어** 나를 <u>속이기까지 하다니</u> 너무하네.	その上私をだましまでするなんてひどいね。
더욱이 이번 실패는 준비 부족으로 생겨서 문제다.	しかも、今回の失敗は準備不足で生じたので問題だ。
文 자기 일도 못하는데 **하물며** 누굴 <u>돕겠니?</u>	自分のこともできないのに、ましてや誰を手伝うの？
좌우간 남의 말은 전혀 안 듣는 사람이야.	とにかく、他人の言葉を全然聞かない人だ。
하여간 그 사람하고는 말하지 마.	とにかく、その人とは話さないで。
文 **하여튼** 식사는 회의를 끝내고 <u>하도록 합시다.</u>	とにかく、食事は会議を終えてからするようにしましょう。
発 **아무튼** 지나간 일을 잊어버리고 <u>새로운 일을</u> 기획해 보자.	とにかく、過ぎたことは忘れて新しいことを企画してみよう。
어차피 그 사람은 돌아오지 않을 겁니다.	どの道、彼は戻ってこないでしょう。
이왕 이렇게 됐는데 좀 쉬었다 갑시다.	どうせこのようになったんだから、ちょっと休んでから行きましょう。
文 **그나저나** 행사가 취소돼서 <u>어쩌니?</u>	ともかく、イベントが中止になってどうしよう？

が付いた形。

60日目 [TR088]

□ 0709 끊기다	끊기고	끊기면	끊기니까	끊겨서
□ 0710 잘리다	잘리고	잘리면	잘리니까	잘려서
□ 0711 부러지다	부러지고	부러지면	부러지니까	부러져서
□ 0712 망하다 하用	망하고	망하면	망하니까	망해서
□ 0713 무너지다	무너지고	무너지면	무너지니까	무너져서
□ 0714 적히다	적히고	적히면	적히니까	적혀서
□ 0715 담기다	담기고	담기면	담기니까	담겨서
□ 0716 뽑히다	뽑히고	뽑히면	뽑히니까	뽑혀서
□ 0717 덮이다	덮이고	덮이면	덮이니까	덮여서
□ 0718 실리다	실리고	실리면	실리니까	실려서
□ 0719 주어지다	주어지고	주어지면	주어지니까	주어져서
□ 0720 찍히다	찍히고	찍히면	찍히니까	찍혀서

61日目 [TR089]

□ 0721 먹히다	먹히고	먹히면	먹히니까	먹혀서
□ 0722 끌리다	끌리고	끌리면	끌리니까	끌려서
□ 0723 읽히다	읽히고	읽히면	읽히니까	읽혀서
□ 0724 시들다 ㄹ語幹	시들고	시들면	시드니까	시들어서
□ 0725 숨지다	숨지고	숨지면	숨지니까	숨져서
□ 0726 가라앉다	가라앉고	가라앉으면	기라있으니까	가라앉아서

用言の四つの活用形を掲載しました。活用が正則でない場合は、基本形の横に変則活用の種類をアイコンで示しました（アイコンの見方はP.010参照）。

□ 0727	배다	배고	배면	배니까	배서
□ 0728	새다	새고	새면	새니까	새서
□ 0729	넘치다	넘치고	넘치면	넘치니까	넘쳐서
□ 0730	잠기다[1]	잠기고	잠기면	잠기니까	잠겨서
□ 0731	흘러내리다	흘러내리고	흘러내리면	흘러내리니까	흘러내려서
□ 0732	번지다	번지고	번지면	번지니까	번져서

62日目 [TR090]

□ 0733	흉하다 〔하用〕	흉하고	흉하면	흉하니까	흉해서
□ 0734	독특하다 〔하用〕	독특하고	독특하면	독특하니까	독특해서
□ 0735	색다르다 〔르変〕	색다르고	색다르면	색다르니까	색달라서
□ 0736	다양하다 〔하用〕	다양하고	다양하면	다양하니까	다양해서
□ 0737	근사하다 〔하用〕	근사하고	근사하면	근사하니까	근사해서
□ 0738	멋지다	멋지고	멋지면	멋지니까	멋져서
□ 0739	촌스럽다 〔ㅂ変〕	촌스럽고	촌스러우면	촌스러우니까	촌스러워서
□ 0740	평범하다 〔하用〕	평범하고	평범하면	평범하니까	평범해서
□ 0741	새하얗다 〔ㅎ変〕	새하얗고	새하야면	새하야니까	새하얘서
□ 0742	새까맣다 〔ㅎ変〕	새까맣고	새까마면	새까마니까	새까매서
□ 0743	새파랗다 〔ㅎ変〕	새파랗고	새파라면	새파라니까	새파래서
□ 0744	새빨갛다 〔ㅎ変〕	새빨갛고	새빨가면	새빨가니까	새빨개서

1週目
2週目
3週目
4週目
5週目
6週目
7週目
8週目
9週目
10週目
11週目
12週目

☐ 0673 **실**		☐ 0694 **설거지**	
☐ 0674 **바늘**		☐ 0695 **바가지**	
☐ 0675 **베개**		☐ 0696 **양동이**	
☐ 0676 **방석**		☐ 0697 **서랍**	
☐ 0677 **담요**		☐ 0698 **소포**	
☐ 0678 **장**		☐ 0699 **엽서**	
☐ 0679 **커튼**		☐ 0700 **화보**	
☐ 0680 **자명종**		☐ 0701 **견본**	
☐ 0681 **세면장**		☐ 0702 **수첩**	
☐ 0682 **빗**		☐ 0703 **학용품**	
☐ 0683 **칫솔**		☐ 0704 **필통**	
☐ 0684 **화장지**		☐ 0705 **붓**	
☐ 0685 **싱크대**		☐ 0706 **장난감**	
☐ 0686 **주전자**		☐ 0707 **재떨이**	
☐ 0687 **손잡이**		☐ 0708 **톱**	
☐ 0688 **뚜껑**		☐ 0709 **끊기다**	
☐ 0689 **탁자**		☐ 0710 **잘리다**	
☐ 0690 **사발**		☐ 0711 **부러지다**	
☐ 0691 **수저**		☐ 0712 **망하다**	
☐ 0692 **식칼**		☐ 0713 **무너지다**	
☐ 0693 **도마**		☐ 0714 **적히다**	

次の韓国語の訳を書いてみましょう。分からなかった単語は、前に戻ってもう一度覚えましょう。

□ 0715 **담기다**

□ 0716 **뽑히다**

□ 0717 **덮이다**

□ 0718 **실리다**

□ 0719 **주어지다**

□ 0720 **찍히다**

□ 0721 **먹히다**

□ 0722 **끌리다**

□ 0723 **읽히다**

□ 0724 **시들다**

□ 0725 **숨지다**

□ 0726 **가라앉다**

□ 0727 **배다**

□ 0728 **새다**

□ 0729 **넘치다**

□ 0730 **잠기다**[1]

□ 0731 **흘러내리다**

□ 0732 **번지다**

□ 0733 **흉하다**

□ 0734 **독특하다**

□ 0735 **색다르다**

□ 0736 **다양하다**

□ 0737 **근사하다**

□ 0738 **멋지다**

□ 0739 **촌스럽다**

□ 0740 **평범하다**

□ 0741 **새하얗다**

□ 0742 **새까맣다**

□ 0743 **새파랗다**

□ 0744 **새빨갛다**

□ 0745 **요컨대**

□ 0746 **그럼에도**

□ 0747 **심지어**

□ 0748 **더욱이**

□ 0749 **하물며**

□ 0750 **좌우간**

□ 0751 **하여간**

□ 0752 **하여튼**

□ 0753 **아무튼**

□ 0754 **어차피**

□ 0755 **이왕**

□ 0756 **그나저나**

1週目
2週目
3週目
4週目
5週目
6週目
7週目
8週目
9週目
10週目
11週目
12週目

□ 0673 糸

□ 0674 針

□ 0675 枕

□ 0676 座布団

□ 0677 毛布

□ 0678 棚

□ 0679 カーテン

□ 0680 目覚まし時計

□ 0681 洗面所

□ 0682 くし

□ 0683 歯ブラシ

□ 0684 トイレットペーパー

□ 0685 シンク台

□ 0686 やかん

□ 0687 取っ手

□ 0688 ふた

□ 0689 テーブル

□ 0690 どんぶり

□ 0691 スプーンと箸

□ 0692 包丁

□ 0693 まな板

□ 0694 食後の片付け

□ 0695 おけ

□ 0696 バケツ

□ 0697 引き出し

□ 0698 小包

□ 0699 はがき

□ 0700 グラビア

□ 0701 見本

□ 0702 手帳

□ 0703 学用品

□ 0704 筆入れ

□ 0705 筆

□ 0706 おもちゃ

□ 0707 灰皿

□ 0708 のこぎり

□ 0709 断たれる

□ 0710 切られる

□ 0711 折れる

□ 0712 つぶれる

□ 0713 崩れる

□ 0714 記される

次の日本語に該当する単語を書いてみましょう。分からなかった単語は、前に戻ってもう一度覚えましょう。

□ 0715 （心が）込められる

□ 0716 選ばれる

□ 0717 覆われる

□ 0718 載せられる

□ 0719 与えられる

□ 0720 押される

□ 0721 食われる

□ 0722 引かれる

□ 0723 読まれる

□ 0724 枯れる

□ 0725 息を引き取る

□ 0726 沈む

□ 0727 染み付く

□ 0728 漏れる

□ 0729 あふれる

□ 0730 浸る

□ 0731 流れ落ちる

□ 0732 染みる

□ 0733 不吉だ

□ 0734 独特だ

□ 0735 風変わりだ

□ 0736 多様だ

□ 0737 すてきだ

□ 0738 かっこいい

□ 0739 田舎くさい

□ 0740 平凡だ

□ 0741 真っ白だ

□ 0742 真っ黒だ

□ 0743 真っ青だ

□ 0744 真っ赤だ

□ 0745 要するに

□ 0746 それにもかかわらず

□ 0747 その上

□ 0748 しかも

□ 0749 ましてや

□ 0750 とにかく

□ 0751 とにかく

□ 0752 とにかく

□ 0753 とにかく

□ 0754 どの道

□ 0755 どうせ

□ 0756 ともかく

1週目
2週目
3週目
4週目
5週目
6週目
7週目
8週目
9週目
10週目
11週目
12週目

01　シンク台を掃除するのを忘れないでくださいね。

02　このお店は禁煙なので灰皿がありません。

03　最近はかわいい筆入れがたくさんあるね。

04　ご飯を食べるから、テーブルの上を片付けて。

05　筆を持って字を書くのは本当に久しぶりだ。

06　この毛布は長く使ったから、新しいのを買おうか？

07　目覚まし時計を床に落として壊してしまった。

08　この部屋には真っ青なカーテンが合うと思う。

09　枕を買うときは時間をかけて選びます。

10　ふたが開かないんだけど、開けてくれる？

11　手帳にはスケジュールがたくさん書かれていた。

12　見本があればもっと売れると思いますよ。

13　大人でも難しいのに、ましてや子どもが理解できるだろうか?

14　どうせここまでやったんだから、最後までやりましょう。

15　遠くに住んでいる友達からはがきが来た。

16　電話で話している途中で突然切れた。

17　このやかんは形が独特ですね。

18　あの人の話は真っ赤なうそですよ。

19　与えられた条件をよく読んで計算してみてください。

20　前の会社にいた時の習慣が体に染み付いています。

» 解答は P.307

1週目
2週目
3週目
4週目
5週目
6週目
7週目
8週目
9週目
10週目
11週目
12週目

» 語尾・表現

-기까지 하다	〜しさえする・でさえある	0747

準2級

10週目

0757 □□	**스승**	師、先生 頸 선생　図 제자 弟子
0758 □□	**학원** [하권]	塾、予備校、専門学校　漢 学院
0759 □□	**학번** [학뻔]	学籍番号、大学の入学年度　漢 学番
0760 □□	**학점** [학쩜]	履修単位　漢 学点
0761 □□	**과외**	課外授業、家庭教師　漢 課外
0762 □□	**취업**	就職、就業　漢 就業
0763 □□	**기사**	運転手、技士　漢 技士
0764 □□	**임원** [이원]	役員　漢 任員
0765 □□	**일자리** [일짜리]	働き口、職、職場
0766 □□	**농사**	農業、農作業　漢 農事 頸 농업
0767 □□	**부자**	金持ち　漢 富者
0768 □□	**도둑**	泥棒

解説　0765 **일자리**は、[**일짜리**]と発音 (合成語の濃音化)。　0767 **노력하나**は、**노력하다** (努力する) に-**나**が付いた形。　0768 **휴가 동안**は、[**휴가 똥안**]と発音 (合成語の濃音化)。

오랜만에 고등학교 **스승**을 만나서 식사 대접을 했다.	久しぶりに高校の先生に会って食事でもてなした。
매일 **학원**과 집만 오가는 아이들의 삶이 행복할까요?	毎日塾と家だけ行き来する子どもたちの生活が幸せでしょうか?
그 친구와 나는 같은 학교 같은 **학번**으로 친해졌다.	その友達と僕は同じ学校、同じ入学年度で親しくなった。
대학생 때는 **학점** 관리 못지않게 경험도 중요하다.	大学生の時は、単位を落とさないだけでなく経験も重要だ。
대학생 누나로부터 수학 **과외**를 받고 있습니다.	大学生の姉から数学の課外授業を受けています。
국내 **취업**보다 해외 **취업**을 노리는 사람이 늘었다.	国内での就職より海外での就職を狙う人が増えた。
택시 **기사**가 차를 빨리 몰아서 겁이 났다.	タクシー運転手がスピードを出して運転するので怖くなった。
임원이 되면 정말 많은 게 달라지죠.	役員になると本当に多くのことが変わるでしょう。
발 정부의 모든 정책은 **일자리** 만들기에 맞추어져 있습니다.	政府の全ての政策は働き口づくりに向けられています。
퇴직하면 시골에 내려가서 **농사**를 짓는 게 제 꿈입니다.	退職したら田舎に移って農業をするのが私の夢です。
文 모두 **부자**가 되려고 노력하나 극히 소수만 된다.	皆金持ちになろうと努力するが、極めて少数のみが (金持ちに) なる。
발 휴가 동안 집에 **도둑**이 들어서 집 안이 엉망이 됐다.	休暇の間、家に泥棒が入って家の中がめちゃくちゃになった。

0769 □□	**살림**	暮らし、生活、所帯
0770 □□	**형편**	(経済的な) 状況、成り行き、事情 漢 形便
0771 □□	**빚** [빋]	借金
0772 □□	**집세** [집쎄]	家賃 漢 -貰
0773 □□	**액수** [액쑤]	金額 漢 額数
0774 □□	**계좌** [게좌]	口座 漢 計座
0775 □□	**대출**	貸出、貸付 漢 貸出
0776 □□	**수표**	小切手 漢 手票 関 현금 現金
0777 □□	**동전**	銅貨、コイン 漢 銅銭 対 지폐 紙幣
0778 □□	**홍보**	広報 漢 弘報
0779 □□	**절차**	手順、手続き 漢 節次 類 수속
0780 □□	**환율** [화뉼]	為替レート 漢 換率

解説   0769 **성격**は、[**성껵**]と発音 (漢字語の濃音化)。 0774 **물건값은**は、[**물건깝쓴**]と発音 (合成語の濃音化)。 0779 **모든 일에는**は、[**모든 니레는**]と発音 (ㄴ挿入)。**있게 마련이니**는、**있다**に**-게 마련이다**、**-니**が付いた形。 0780 **일본 여행**은、[**일본 녀행**]と発音 (ㄴ挿入)。

236

発 그녀는 <u>성격도</u> 좋고 **살림**도 잘해서 예쁨을 받는다.	彼女は性格も良く、家の事もよくやってくれるのでかわいがられる。
지금은 **형편**이 좋지 않으니 좋아지면 도와 드릴게요.	今は経済的な状況が良くないので、良くなったら手伝います。
사업을 하다 보면 **빚**을 지게 될 때도 있습니다.	事業をしてみると、借金を背負うことになる時もあります。
집세를 벌기 위해 심야 아르바이트도 한다.	家賃を稼ぐために深夜アルバイトもする。
액수와 상관없이 도와줬다는 것 자체가 고마웠어.	金額と関係なく手伝ってくれたということ自体がありがたかった。
発 <u>물건값</u>은 내일까지 회사 **계좌**로 입금하시기 바랍니다.	品物代は明日までに会社の口座に入金するようお願いします。
이 정도의 월급으로는 추가 **대출**이 어렵겠습니다.	この程度の給料では追加貸し付けは難しいでしょう。
5만 원짜리가 생겨서 **수표**를 쓰는 사람이 줄었다.	5万ウォン札ができて小切手を使う人が減った。
동전도 매일 조금씩 모으면 큰돈이 될수도 있어요.	コインも毎日少しずつ集めると大金になり得ます。
회사 **홍보**를 담당하고 있어서 언제나 바빠요.	会社の広報を担当しているのでいつも忙しいです。
発文 <u>모든 일에는</u> **절차**가 있게 마련이니 지킵시다.	全てのことには手順があるものなので、守りましょう。
発 엔화 **환율**이 낮아졌으니 <u>일본 여행</u> 가는게 어때요?	円の為替レートが低くなったので日本旅行に行くのはどうですか？

1週目
2週目
3週目
4週目
5週目
6週目
7週目
8週目
9週目
10週目
11週目
12週目

名詞 31 _ 文化

0781 □□	**오페라**	オペラ、歌劇　外 opera
0782 □□	**클래식**	クラシック　外 classic
0783 □□	**코미디**	コメディー　外 comedy
0784 □□	**하느님**	神様
0785 □□	**하나님**	(プロテスタントの) 神様
0786 □□	**기독교** [기독꾜]	キリスト教　漢 基督教
0787 □□	**성탄절**	クリスマス　漢 聖誕節
0788 □□	**별자리** [별짜리]	星座
0789 □□	**제비**²	くじ、抽選
0790 □□	**복권** [복꿘]	宝くじ　漢 福券
0791 □□	**불꽃** [불꼳]	花火、炎、火花
0792 □□	**헤엄**	泳ぎ 動 헤엄치다

解説　0783 **같은 일은**は、[**가튼 니른**]と発音 (ㄴ挿入) 。 0786 **많습니다**は、[**만씀니다**]と発音 (語尾の濃音化) 。 0788 **별자리**は、[**별짜리**]と発音 (合成語の濃音化) 。 0791 **인기**は、[**인끼**]と発音 (漢字語の濃音化) 。

238

오페라 가수의 목소리는 언제 들어도 아름답다.	オペラ歌手の声はいつ聞いても美しい。
그는 퇴근하면 **클래식**을 틀어 놓고 휴식을 취한다.	彼は退勤するとクラシックをかけて休息を取る。
發 살다 살다 그런 **코미디** 같은 일은 처음 겪어 봤다.	生きてきて、そんなコメディーみたいなことは初めて経験した。
하느님, 하늘나라에 계신 어머니를 잘 돌봐 주세요.	神様、天国にいらっしゃるお母さんをよろしくお願いします。
하나님을 믿는 사람들은 주말에 교회에 간다.	神様を信じる人々は週末に教会に行く。
發 한국은 일본과 달리 **기독교**를 믿는 사람이 많습니다.	韓国は日本と違いキリスト教を信じる人が多いです。
성탄절이라 크리스마스 트리가 곳곳에 있다.	クリスマスなのでツリーが所々にある。
發 **별자리** 이야기를 들으면 기분이 좋아진다.	星座の話を聞くと気分が良くなる。
이 모임은 대표를 **제비**뽑기로 정합니다.	この集まりは代表をくじ引きで決めます。
복권으로 부자가 되겠다는 꿈은 버려라.	宝くじで金持ちになるという夢は捨てろ。
發 일본에서 여름에 가장 인기 있는 행사는 **불꽃**놀이이다.	日本で夏に一番人気のあるイベントは打ち上げ花火だ。
날씨가 더워서 **헤엄**을 쳐서 강을 건넜다.	暑いので、泳いで川を渡った。

10
週目

　動詞 19 _ 主体の変化　　　　　[TR094]

0793 □□	**겪다** [격따]	経験する、経る
0794 □□	**깨닫다** [깨닫따]	悟る、理解する、気付く 活 ㄷ変則
0795 □□	**알아내다** [아라내다]	見つける、分かる、見分ける
0796 □□	**졸리다**	眠くなる 関 졸다 居眠りする
0797 □□	**타오르다**	燃え上がる 活 르変則
0798 □□	**살아나다** [사라나다]	助かる、生き返る、蘇る 対 죽다 死ぬ
0799 □□	**드러나다**	現れる、見える、隠していたことが見つかる
0800 □□	**주저앉다** [주저안따]	座り込む、落ち込む、へたり込む、中途で投げる 類 내려앉다
0801 □□	**멎다** [먿따]	止まる、やむ
0802 □□	**혼나다**	怒られる、ひどい目に遭う　漢 魂-- 関 혼내다 怒る
0803 □□	**속다** [속따]	だまされる 関 속이다 だます
0804 □□	**흩어지다** [흐터지다]	散らばる、散る

解説　0793 힘든 일은は、[힌든 니른]と発音（ㄴ挿入）。　0796 잤더니は、자다（寝る）に-았더니が付いた形。　0797 열정は、[열쩡]と発音（漢字語の濃音化）。　0801 멎는 줄 알았다は、멎다に-는 줄 알았다が付いた形。

_発 힘든 일을 **겪다** 보니 세상 보는 눈이 생겼어요.	つらいことを経験したら、世間を見る目が生まれました。
그동안의 공부 방법이 잘못됐다는 걸 **깨달았다**.	これまでの間の勉強方法が間違っていたということを悟った。
이번에 새롭게 **알아낸** 정보가 있으니까 모여 주세요.	今回新しく見つけた情報があるので集まってください。
_文 전날 잠을 못 **잤더니** 업무 시간에 계속 **졸리네**.	前日眠れなかったから、業務時間にずっと眠くなるね。
_発 어릴 때부터 미술에 관한 것이라면 <u>열정</u>에 **타올랐다**.	小さい頃から美術に関することなら熱意に燃えた。
숨이 멎었다가 구급차를 타고 병원에 가서 **살아났다**.	息が止まったが救急車に乗って病院に行って助かった。
가려져 있었던 괴물의 실체가 **드러나는** 순간입니다.	隠されていた怪物の実体が現れる瞬間です。
전화를 받고 너무 놀라 바닥에 **주저앉아** 버렸다.	電話を取ってとても驚き、床に座り込んでしまった。
_文 그 사람이 갑자기 화를 내자 숨이 <u>멎는</u> 줄 알았다.	その人が突然怒り出して、息が止まるかと思った。
자꾸 거짓말을 하다가 선생님께 크게 **혼났다**.	何度もうそをついていたら先生にひどく怒られた。
내가 그 사람에게 몇 번이나 **속았다고** 요.	私、その人に何度もだまされたんですってば。
경찰이 다가오자 항의를 하던 사람들이 **흩어지기** 시작했다.	警察が近づくと、抗議をしていた人たちが散らばり始めた。

0805 □□	**날리다²**	飛ぶ、(風に) 飛ばされる、舞う

0806 □□	**끼다²**	(霧や煙などが) 立ち込める 対 개다 晴れる

0807 □□	**생겨나다**	生まれる、生じる、発生する 対 사라지다 消える

0808 □□	**늘어지다** [느러지다]	ぐったりする、ぶら下がる

0809 □□	**달리다**	取り付けられる、ぶら下がる 関 달다 つるす、垂らす

0810 □□	**미끄러지다**	滑る 関 미끄럽다 つるつるだ

0811 □□	**벌어지다** [버러지다]	広がる、隙間ができる、開く 関 벌리다 広げる

0812 □□	**잠기다²**	鍵が掛かる、閉ざされる、声がしゃがれる 関 잠그다 鍵を掛ける

0813 □□	**얽히다** [얼키다]	絡み合う、入り乱れる、もつれる、縛られる

0814 □□	**넘어가다** [너머가다]	倒れる、(人の手に) 落ちる、渡る、だまされる 類 넘어지다, 쓰러지다

0815 □□	**차이다**	振られる、蹴られる 関 차다 蹴る

0816 □□	**싸이다**	包まれる、覆われる 関 싸다 包む

解説 0808 **먹고 났더니**は、**먹다** (食べる) に-**고 나다**、-**았더니**が付いた形。 0812 **열쇠**は、[**열쐬**]と発音 (合成語の濃音化)。 0816 **손수건에**は、[**손쑤거네**]と発音 (合成語の濃音化)。

꽃가루가 많이 **날리는** 봄철을 싫어합니다.	花粉がたくさん飛ぶ春が嫌いです。
안개가 **끼면** 운전할 때 앞이 잘 안 보여요.	霧がかかると運転するとき前がよく見えません。
매일 새로운 물건이 **생겨나고** 있습니다.	毎日新しい物が生まれています。
文 점심을 먹고 났더니 일하기 싫고 **늘어지**네요.	昼食を食べたら働くのが嫌でぐったりしますね。
이 가방에 **달려** 있는 주머니는 뭐예요?	このかばんに付いているポケットは何ですか?
눈 때문에 길이 얼어서 걷다가 **미끄러졌**다.	雪のせいで道が凍って歩いていて滑った。
나무 기둥에 생긴 틈이 점점 **벌어지고** 있다.	木の柱にできた隙間がだんだん広がっている。
発 열쇠가 없는데 문이 **잠겨서** 못 들어가요.	鍵がないのに扉に鍵が掛かっていて入れません。
그 사람하고 **얽힌** 문제가 여러 가지로 많아요.	その人と関わる問題がいろいろとたくさんあります。
태풍으로 전봇대 여러 개가 **넘어가서** 정전이 됐다.	台風で電柱が何本か倒れて、停電になった。
친구가 애인에게 **차여서** 슬픔에 잠겼어요.	友達が恋人に振られて悲しみに浸っています。
発 손수건에 **싸인** 물건이 뭔지 궁금하네요.	ハンカチに包まれた物が何か気になりますね。

0817 ☐☐	**갑작스럽다** [갑짝쓰럽따]	急だ、突然だ、不意だ 活 ㅂ変則
0818 ☐☐	**불리하다**	不利だ　漢 不利-- 活 하다用言
0819 ☐☐	**뒤늦다** [뒤늗따]	遅い、遅れる
0820 ☐☐	**한가하다**	暇だ　漢 閑暇-- 活 하다用言　対 바쁘다 忙しい
0821 ☐☐	**잠잠하다** [잠자마다]	静かだ、ひっそりとしている　漢 潜潜-- 活 하다用言
0822 ☐☐	**영원하다** [영워나다]	永遠だ　漢 永遠-- 活 하다用言　副 영원히
0823 ☐☐	**미지근하다** [미지그나다]	ぬるい、生ぬるい、手ぬるい 活 하다用言
0824 ☐☐	**화끈하다** [화끄나다]	熱い、(性格が) さっぱりしている、気前がいい 活 하다用言
0825 ☐☐	**무덥다** [무덥따]	蒸し暑い 活 ㅂ変則　類 후덥지근하다
0826 ☐☐	**축축하다** [축추카다]	じめじめしている、湿っぽい 活 하다用言
0827 ☐☐	**서늘하다** [서느라다]	涼しい、ひんやりしている 活 하다用言　関 싸늘하다 冷え冷えしている
0828 ☐☐	**산뜻하다** [산뜨타다]	爽やかだ、こざっぱりしている、あっさりしている 活 하다用言

解説　0818 어떡하니?は、어떡하다 (どうする) に-니?が付いた形。 0822 영원한 약속이란は、[영원난 냑쏘기란]と発音 (ㄴ挿入)。 0824 성격이は、[성껴기]と発音 (漢字語の濃音化)。 술값을は、[술깝쓸]と発音 (合成語の濃音化)。 0825 켜지 않고서는は、켜다 (つける) に-지 않다、-고서는が付いた形。 0826 앉았더니는は、앉다 (座る) に-았더니が ↗

갑작스러운 그 사람의 사망 소식에 충격을 받았다.	急なその人の訃報に衝撃を受けた。
▨ **불리할** 때만 그렇게 숨으면 <u>어떡하니</u>?	不利なときだけそうやって隠れてどうするつもり？
공부를 너무 늦게 시작했다고 **뒤늦게** 깨달았다.	勉強を始めるのが遅すぎたと遅れて悟った。
시험 끝나고 오랜만에 **한가한** 시간을 보내고 있어요.	試験が終わって久しぶりに暇な時間を過ごしています。
태풍이 지나갔는지 이제 바람이 **잠잠하다**.	台風が過ぎたのか、今は風が静かだ。
▨ **영원한** <u>약속이란</u> 없다고 보면 돼.	永遠の約束なんてないと思えばいい。
국이 **미지근해서** 맛이 없으니 데워 주세요.	スープがぬるくてまずいので温めてください。
▨ 그 사람은 <u>성격이</u> **화끈해서** <u>술값을</u> 잘 낸다.	その人は気前のいい性格で、酒代をよく出す。
▨ **무더워서** 에어컨을 켜지 않고서는 생활하기 힘들어요.	蒸し暑くてエアコンをつけなければ生活するのが大変です。
▨ 잔디에 <u>앉았더니</u> **축축해서** 엉덩이가 젖었다.	芝に座ったらじめじめしていてお尻がぬれた。
가을이 되면서 **서늘한** 바람이 불어 온다.	秋になるにつれ涼しい風が吹いてくる。
봄에는 **산뜻한** 느낌의 옷을 입는 걸 좋아해.	春には爽やかな感じの服を着るのが好き。

付いた形。

245

0829 □□	**하기야**	もっとも、実のところ、そりゃ
0830 □□	**하긴**	もっとも、確かに、実のところ
0831 □□	**설마**	まさか、よもや
0832 □□	**하필**	よりによって、どうして 漢 何必
0833 □□	**기어이**	ついに、必ず 漢 期於-
0834 □□	**부디**	どうか、どうぞ 類 제발
0835 □□	**제발**	どうか、なにとぞ、頼むから 類 부디
0836 □□	**그나마**	そんな中でも、それだけでも、その上にまた 類 그것이나마
0837 □□	**예컨대**	例えば 漢 例--
0838 □□	**이를테면**	いわば
0839 □□	**이른바**	いわゆる 類 소위
0840 □□	**소위**	いわゆる 漢 所謂 類 이른바

解説 0829 **있는 일이**는、[**인는 니리**]と発音 (ㄴ挿入)。 0830 **놀기만 했죠**は、**놀다** (遊ぶ) に -**기만 하다、-었죠**が付いた形。 0838 **인격의**は、[**인꺼게**]と発音 (漢字語の濃音化)。

発 하기야 대학생이 할 수 <u>있는 일이</u> 안 많지.

もっとも、大学生ができることは多くないだろう。

文 하긴 나도 어렸을 때는 저 아이처럼 매일 <u>놀기만 했죠</u>.

もっとも、私も幼い頃はあの子のように毎日遊んでばかりいましたよ。

설마 허락도 안 받고 일을 시작하려는 건 아니지?

まさか許可も取らずに仕事を始めようというわけではないよね？

하필 혼자 일하는 날 문의가 많이 오는 거야?

どうしてよりによって一人で仕事をしている日に問い合わせがたくさん来るんだ？

기어이 엄마 말을 안 듣고 여행 갔네.

ついに母さんの言うことを聞かずに旅行に行ったね。

부디 이번 한 번만 용서해 주세요.

どうか今回だけはお許しください。

이번에는 **제발** 제 부탁을 들어 주셨으면 합니다.

今回は、どうか私の願いを聞いてくだされればと思います。

쉬는 날인데 **그나마** 너라도 나와서 정말 다행이야.

休みの日なのに、そんな中でも君でも出てきてくれて本当によかった。

좋은 학교라고 하면 **예컨대** 이런 곳이 있겠지요.

いい学校といえば、例えばこういう所があるでしょう。

訳 이를테면 <u>인격의</u> 문제라는 겁니다.

いわば、人格の問題だということです。

이른바 실력이 늘었다는 게 이런 거지.

いわゆる実力が伸びたというのはこういうのだろう。

그는 **소위** 유명 대학을 졸업했지만 드러내지 않았다.

彼はいわゆる有名大学を卒業したが、表に出さなかった。

準2級_10週目 活用

□ 0793 겪다	겪고	겪으면	겪으니까	겪어서
□ 0794 깨닫다 ㄷ変	깨닫고	깨달으면	깨달으니까	깨달아서
□ 0795 알아내다	알아내고	알아내면	알아내니까	알아내서
□ 0796 졸리다	졸리고	졸리면	졸리니까	졸려서
□ 0797 타오르다 르変	타오르고	타오르면	타오르니까	타올라서
□ 0798 살아나다	살아나고	살아나면	살아나니까	살아나서
□ 0799 드러나다	드러나고	드러나면	드러나니까	드러나서
□ 0800 주저앉다	주저앉고	주저앉으면	주저앉으니까	주저앉아서
□ 0801 멎다	멎고	멎으면	멎으니까	멎어서
□ 0802 혼나다	혼나고	혼나면	혼나니까	혼나서
□ 0803 속다	속고	속으면	속으니까	속아서
□ 0804 흩어지다	흩어지고	흩어지면	흩어지니까	흩어져서

□ 0805 날리다²	날리고	날리면	날리니까	날려서
□ 0806 끼다²	끼고	끼면	끼니까	껴서
□ 0807 생겨나다	생겨나고	생겨나면	생겨나니까	생겨나서
□ 0808 늘어지다	늘어지고	늘어지면	늘어지니까	늘어져서
□ 0809 달리다	달리고	달리면	달리니까	달려서
□ 0810 미끄러지다	미끄러지고	미끄러지면	미끄러지니까	미끄러져서

用言の四つの活用形を掲載しました。活用が正則でない場合は、基本形の横に変則活用の種類をアイコンで示しました (アイコンの見方はP.010参照)。

□ 0811	벌어지다	벌어지고	벌어지면	벌어지니까	벌어져서
□ 0812	잠기다²	잠기고	잠기면	잠기니까	잠겨서
□ 0813	얽히다	얽히고	얽히면	얽히니까	얽혀서
□ 0814	넘어가다	넘어가고	넘어가면	넘어가니까	넘어가서
□ 0815	차이다	차이고	차이면	차이니까	차여서
□ 0816	싸이다	싸이고	싸이면	싸이니까	싸여서

69日目 [TR100]

□ 0817	갑작스럽다 ㅂ変	갑작스럽고	갑작스러우면	갑작스러우니까	갑작스러워서
□ 0818	불리하다 하用	불리하고	불리하면	불리하니까	불리해서
□ 0819	뒤늦다	뒤늦고	뒤늦으면	뒤늦으니까	뒤늦어서
□ 0820	한가하다 하用	한가하고	한가하면	한가하니까	한가해서
□ 0821	잠잠하다 하用	잠잠하고	잠잠하면	잠잠하니까	잠잠해서
□ 0822	영원하다 하用	영원하고	영원하면	영원하니까	영원해서
□ 0823	미지근하다 하用	미지근하고	미지근하면	미지근하니까	미지근해서
□ 0824	화끈하다 하用	화끈하고	화끈하면	화끈하니까	화끈해서
□ 0825	무덥다 ㅂ変	무덥고	무더우면	무더우니까	무더워서
□ 0826	축축하다 하用	축축하고	축축하면	축축하니까	축축해서
□ 0827	서늘하다 하用	서늘하고	서늘하면	서늘하니까	서늘해서
□ 0828	산뜻하다 하用	산뜻하고	산뜻하면	산뜻하니까	산뜻해서

☐ 0757 스승	☐ 0778 홍보
☐ 0758 학원	☐ 0779 절차
☐ 0759 학번	☐ 0780 환율
☐ 0760 학점	☐ 0781 오페라
☐ 0761 과외	☐ 0782 클래식
☐ 0762 취업	☐ 0783 코미디
☐ 0763 기사	☐ 0784 하느님
☐ 0764 임원	☐ 0785 하나님
☐ 0765 일자리	☐ 0786 기독교
☐ 0766 농사	☐ 0787 성탄절
☐ 0767 부자	☐ 0788 별자리
☐ 0768 도둑	☐ 0789 제비²
☐ 0769 살림	☐ 0790 복권
☐ 0770 형편	☐ 0791 불꽃
☐ 0771 빚	☐ 0792 헤엄
☐ 0772 집세	☐ 0793 겪다
☐ 0773 액수	☐ 0794 깨닫다
☐ 0774 계좌	☐ 0795 알아내다
☐ 0775 대출	☐ 0796 졸리다
☐ 0776 수표	☐ 0797 타오르다
☐ 0777 동전	☐ 0798 살아나다

次の韓国語の訳を書いてみましょう。分からなかった単語は、前に戻ってもう一度覚えましょう。

10
週目

□ 0799 드러나다

□ 0800 주저앉다

□ 0801 멎다

□ 0802 혼나다

□ 0803 속다

□ 0804 흩어지다

□ 0805 날리다²

□ 0806 끼다²

□ 0807 생겨나다

□ 0808 늘어지다

□ 0809 달리다

□ 0810 미끄러지다

□ 0811 벌어지다

□ 0812 잠기다²

□ 0813 얽히다

□ 0814 넘어가다

□ 0815 차이다

□ 0816 싸이다

□ 0817 갑작스럽다

□ 0818 불리하다

□ 0819 뒤늦다

□ 0820 한가하다

□ 0821 잠잠하다

□ 0822 영원하다

□ 0823 미지근하다

□ 0824 화끈하다

□ 0825 무덥다

□ 0826 축축하다

□ 0827 서늘하다

□ 0828 산뜻하다

□ 0829 하기야

□ 0830 하긴

□ 0831 설마

□ 0832 하필

□ 0833 기어이

□ 0834 부디

□ 0835 제발

□ 0836 그나마

□ 0837 예컨대

□ 0838 이를테면

□ 0839 이른바

□ 0840 소위

☐ 0757 師	☐ 0778 広報
☐ 0758 塾	☐ 0779 手順
☐ 0759 学籍番号	☐ 0780 為替レート
☐ 0760 履修単位	☐ 0781 オペラ
☐ 0761 課外授業	☐ 0782 クラシック
☐ 0762 就職	☐ 0783 コメディー
☐ 0763 運転手	☐ 0784 神様
☐ 0764 役員	☐ 0785 神様
☐ 0765 働き口	☐ 0786 キリスト教
☐ 0766 農業	☐ 0787 クリスマス
☐ 0767 金持ち	☐ 0788 星座
☐ 0768 泥棒	☐ 0789 くじ
☐ 0769 暮らし	☐ 0790 宝くじ
☐ 0770 状況	☐ 0791 花火
☐ 0771 借金	☐ 0792 泳ぎ
☐ 0772 家賃	☐ 0793 経験する
☐ 0773 金額	☐ 0794 悟る
☐ 0774 口座	☐ 0795 見つける
☐ 0775 貸出	☐ 0796 眠くなる
☐ 0776 小切手	☐ 0797 燃え上がる
☐ 0777 銅貨	☐ 0798 助かる

次の日本語に該当する単語を書いてみましょう。分からなかった単語は、前に戻ってもう一度覚えましょう。

□ 0799 現れる

□ 0800 座り込む

□ 0801 止まる

□ 0802 怒られる

□ 0803 だまされる

□ 0804 散らばる

□ 0805 飛ぶ

□ 0806 （霧などが）立ち込める

□ 0807 生まれる

□ 0808 ぐったりする

□ 0809 取り付けられる

□ 0810 滑る

□ 0811 広がる

□ 0812 鍵が掛かる

□ 0813 絡み合う

□ 0814 倒れる

□ 0815 振られる

□ 0816 包まれる

□ 0817 急だ

□ 0818 不利だ

□ 0819 遅い

□ 0820 暇だ

□ 0821 静かだ

□ 0822 永遠だ

□ 0823 ぬるい

□ 0824 熱い

□ 0825 蒸し暑い

□ 0826 じめじめしている

□ 0827 涼しい

□ 0828 爽やかだ

□ 0829 もっとも

□ 0830 もっとも

□ 0831 まさか

□ 0832 よりによって

□ 0833 ついに

□ 0834 どうか

□ 0835 どうか

□ 0836 そんな中でも

□ 0837 例えば

□ 0838 いわば

□ 0839 いわゆる

□ 0840 いわゆる

01　そのような不利な条件は受け入れられません。

02　この前、初めてクラシックのコンサートに行きました。

03　韓国の就職活動は、日本とはまた違うようですね。

04　今は為替レートが良くないので、もう少し待ってみます。

05　田舎の山に行くと星座がよく見える。

06　時計が止まったので、直さないと。

07　リュックサックにたくさんポケットが付いている。

08　道がぬれていて滑りやすいので気を付けて。

09　あまりにも暇で連絡したんだけど、今何してる?

10　計画の途中でさまざまな問題が生じました。

11 登場人物の関係が複雑に絡み合っていて、覚えられない。

12 借金はこれで全て返しました。

13 私はこれまで塾に通ったことがありません。

14 カフェで英語の家庭教師をしてくれる人を探しています。

15 バスの運転手さんがとても親切でうれしかった。

16 よりによって今日雨が降るなんて。

17 だまされた人には責任はありません。

18 爽やかなコメディー映画が見たいです。

19 師匠にはいつも感謝しています。

20 部屋の床に本が散らばっていた。

» 解答は P.308

» 語尾・表現

準2級

11週目

0841 □□	**골**	ゴール 外 goal
0842 □□	**팝송** [팝쏭]	ポップソング 外 pop song
0843 □□	**북**	太鼓
0844 □□	**자판**	キーボード、文字盤 漢 字板
0845 □□	**여론**	世論 漢 輿論
0846 □□	**정답**	正解 漢 正答 類 해답 対 오답 誤答
0847 □□	**솜씨**	腕前、手際、手並み 類 기술
0848 □□	**쓸모**	使い道
0849 □□	**흉내**	ものまね
0850 □□	**수수께끼**	なぞなぞ
0851 □□	**장르** [장느]	ジャンル 外 genre
0852 □□	**사극**	時代劇 漢 史劇

解説 0849 **즐겁게 해 주려면**は、**즐겁다** (楽しい) に**-게 하다**、**-어 주다**、**-려면**が付いた形。 0851 **장르를 불문하고**は、**장르**に**~를 불문하고**が付いた形。 0852 **인기**は、**[인끼]**と発音 (漢字語の濃音化)。

그의 첫 **골**이 승리를 이끄는 원동력이 됐다.

彼の最初のゴールが勝利を導く原動力になった。

한때 나도 **팝송**을 즐겨 듣던 젊은이 중 하나였지.

いっとき、僕もポップソングを好んで聴く若者の一人だったよ。

일본 전통 축제 때는 **북** 치는 소리가 들린다.

日本の伝統的な祭りのとき、太鼓をたたく音が聞こえる。

한글 **자판**에 익숙해지기 위해서 연습하고 있습니다.

ハングルのキーボードに慣れるために練習しています。

여론이 악화되면서 정부도 정책을 수정할 수밖에 없었다.

世論が悪化して政府も政策を修正するしかなかった。

수학 교수조차 그 문제의 **정답**을 맞히기 쉽지 않다.

数学教授すらその問題の正解を当てるのは簡単ではない。

김치 맛만 봐도 요리 **솜씨**가 보통이 아닌 것 같았어.

キムチの味を見るだけでも料理の腕前が普通じゃなさそうだったよ。

쓸모가 많은 물건이니 잘 가지고 있어.

使い道の多い物なので、しっかり持っていろ。

文 아이를 즐겁게 해 주려면 동물 **흉내**를 잘 내야 한다.

子どもを楽しませるには動物のものまねがうまくなければいけない。

선생님이 내 주신 **수수께끼**는 못 풀겠어.

先生が出してくださったなぞなぞは解けそうにない。

文 그 감독은 **장르**를 불문하고 돈이 된다면 찍는다.

その監督はジャンルをとわずお金になるなら撮る。

発 **사극**을 촬영한 곳은 관광지로서도 인기다.

時代劇を撮影した場所は観光地としても人気だ。

259

0853 □□	**줄거리**	あらすじ、大要、要点

0854 □□	**대강**	あらまし、(副詞として用いて) だいたい 漢 大綱

0855 □□	**대사**	せりふ 漢 台詞

0856 □□	**머리말**	序文

0857 □□	**속담** [속땀]	ことわざ 漢 俗談

0858 □□	**존댓말** [존댄말]	敬語、丁寧語 漢 尊待- 対 반말 パンマル、ぞんざいな言葉遣い

0859 □□	**말투**	言葉遣い 漢 -套

0860 □□	**사투리**	方言

0861 □□	**철자** [철짜]	スペル、つづり 漢 綴字

0862 □□	**엑스** [엑쓰]	ばつ印、ばってん 外 x

0863 □□	**따옴표**	引用符、クオーテーション・マーク 漢 --標

0864 □□	**쉼표**	休止符 漢 -標

解説 0853 **다른 영화**は、[**다른 녕화**]と発音 (ㄴ挿入)。 0856 **알려면**は、**알다** (知る) に-**려면** が付いた形。 0857 **알수록**は、**알다** (知る) に-**ㄹ수록**が付いた形。 0861 **철자**は、[**철 짜**]と発音 (漢字語の濃音化)。

発 그 영화의 **줄거리**는 대충 아니까 다른 영화를 보자.	その映画のあらすじは大体知っ ているから、他の映画を見よう。
이번 기획안의 **대강**이 나왔으니 한번 검토해 보세요.	今回の企画案のあらましが出た ので一度検討してみてください。
그 배우는 **대사** 전달력이 뛰어나요.	その俳優はせりふの伝達力が優 れています。
文 저자의 의도를 알려면 **머리말**을 먼저 읽어 보세요.	著者の意図を知ろうとするなら まず序文を読みなさい。
文 그 나라의 **속담**을 많이 알수록 공부에 도움이 돼요.	その国のことわざをたくさん知 るほど勉強に役立ちます。
선후배 사이에서도 **존댓말**을 제대로 쓸 필요가 있다.	先輩後輩の間でも敬語をきちん と使う必要がある。
나는 왠지 그 사람의 **말투**가 마음에 안 들어요.	私はなんだかその人の言葉遣い が気に入りません。
그 사람 말은 **사투리**가 심해서 알아듣기 어려워요.	その人の言葉は方言がひどくて 聞き取りにくいです。
発 **철자**가 많이 틀린 글은 좋은 글이 아니죠.	つづりをたくさん間違えた文は いい文じゃないでしょう。
틀린 문제는 **엑스**로 표시해 두세요.	間違えた問題はばつで表示して おきなさい。
대화를 인용할 때는 **따옴표**를 찍으세요.	会話を引用するときは引用符を 付けてください。
살다 보면 **쉼표**를 찍어야 할 때가 있죠.	生きていると、休止符を打たな ければいけないときがあるで しょう。

11
週目

261

0865 □□	**바탕**	基礎、素質、土台、素材
0866 □□	**무늬** [무니]	模様、図柄 **類** 문양
0867 □□	**빛깔** [빋깔]	色どり、色彩
0868 □□	**얼룩**	染み、斑点
0869 □□	**분홍색** [부농색]	桃色 **漢** 粉紅色
0870 □□	**보라색**	紫色 **漢** --色
0871 □□	**갈색** [갈쌕]	茶色、こげ茶、褐色、栗色 **漢** 褐色 **類** 밤색
0872 □□	**가로**	横、(副詞として用いて) 横に **対** 세로 縦
0873 □□	**세로**	縦、(副詞として用いて) 縦に **対** 가로 横
0874 □□	**껍질** [껍찔]	皮、殻 **対** 알맹이 中身 **関** 껍데기 皮
0875 □□	**박스** [박쓰]	段ボール箱、ボックス **外** box
0876 □□	**틀**	型、枠

解説　0867 **했더니**は、**하다** (する) に-**었더니**が付いた形。　0871 **갈색 모자**は、[**갈쌩 모자**]と
発音 (漢字語の濃音化) 。

그 사람 실력의 **바탕**에는 끊임없는 노력이 있다.

その人の実力の基礎にはたゆまぬ努力がある。

봄이 되면 저는 꽃**무늬** 원피스를 즐겨 입어요.

春になると私は花柄のワンピースを好んで着ます。

文 **빛깔**이 고운 옷을 입고 외출을 <u>했더니</u> 기분이 좋았다.

色どりがきれいな服を着て外出をしたら気分が良かった。

이 옷은 **얼룩**이 지면 잘 빠지지 않아요.

この服は染みができるとあまり取れません。

분홍색 상자에 선물을 담아서 부모님 집에 갔습니다.

桃色の箱にプレゼントを入れて両親の家に行きました。

그녀는 유독 **보라색** 가방과 우산을 좋아했다.

彼女はひときわ紫色のかばんと傘を好んだ。

発 머리가 자꾸 빠져서 <u>**갈색**</u> 모자를 쓰고 다닙니다.

髪の毛がしきりに抜けるので茶色い帽子をかぶって出歩きます。

이 책상은 세로보다 **가로**가 훨씬 길다.

この机は、縦よりも横がずっと長い。

새로 산 가구를 **세로**로 재어 보니 크기가 안 맞았다.

新しく買った家具は、縦に測ってみると大きさが合わなかった。

마늘 **껍질**을 깔 때는 매워서 눈물이 많이 나요.

ニンニクの皮をむくときは目にしみて涙がたくさん出ます。

이삿짐을 싸기 위해 **박스**를 가게에서 가지고 왔어요.

引っ越しの荷物を梱包するために段ボールを店から持ってきました。

틀을 깨는 새로운 사고 실험을 해야 할 때가 됐습니다.

型を破る新しい思考実験をしなければならない時になりました。

| 0877 □□ | **여기다** | 思う、感じる、見なす |
| | | 類 인정하다, 생각하다 |

| 0878 □□ | **짐작하다** [짐자카다] | 推測する、推し量る　漢 斟酌-- |
| | | 活 하다用言 |

| 0879 □□ | **헤아리다** | 推し量る、察する、(ざっと) 数える |
| | | 類 추량하다 |

| 0880 □□ | **떠올리다** | 思い浮かべる |
| | | 関 떠오르다 思い浮かぶ |

| 0881 □□ | **재다** | (寸法を) 測る、推し量る |

| 0882 □□ | **망설이다** [망서리다] | ためらう、ちゅうちょする |
| | | 類 주저하다 |

| 0883 □□ | **알아차리다** [아라차리다] | 気付く、予知する、見破る |

| 0884 □□ | **소원하다** [소워나다] | 願う　漢 所願-- |
| | | 活 하다用言 |

| 0885 □□ | **신나다** | 心が躍る、興がわく |

| 0886 □□ | **굶다** [굼따] | 飢える、食事を抜く |
| | | 関 굶기다 飢えさせる |

| 0887 □□ | **기울다** | 傾く、斜めになる |
| | | 活 ㄹ語幹　関 기울이다 傾ける |

| 0888 □□ | **맞서다** [맏써다] | 立ち向かう、張り合う、対立する |
| | | 類 대항하다 |

解説　0887 **넘어지고 말았다**は、**넘어지다** (倒れる) に-**고 말았다**が付いた形。

유학 와서 알게 된 분을 언니처럼 **여기고** 지낸다.	留学に来て知った方を姉のように思って過ごしている。
확실한 증거가 없기 때문에 범인을 **짐작하기** 어렵다.	確実な証拠がないので犯人を推測するのが難しい。
가끔은 어머니의 마음을 **헤아려** 보는 시간을 가집시다.	時々はお母さんの気持ちを推し量る時間を持ちましょう。
그 사람의 편지를 읽으니 옛 추억을 **떠올리게** 됐어요.	彼の手紙を読んで昔の思い出を思い浮かべました。
가구를 새로 놓기 위해서 벽의 길이를 **재고** 있다.	家具を新しく置くために壁の長さを測っている。
뭘 그렇게 **망설이세요**? 공짜니까 어서 고르세요.	何をそんなにためらわれるのですか? 無料なのでどうぞ選んでください。
형사는 누가 범인인지 곧 **알아차렸다**.	刑事は、誰が犯人かすぐに気付いた。
내가 **소원하는** 것은 하루라도 빨리 합격하는 것이다.	私が願うのは、1日でも早く合格することだ。
살면서 이렇게 **신나는** 날은 처음이야.	生きてきて、こんなに心躍る日は初めてだ。
여전히 세계 곳곳에는 **굶어** 죽는 아이들이 있다.	依然として世界のあちこちには飢えて死ぬ子どもたちがいる。
⽂ 배가 옆으로 **기울면서** 중심을 잃고 넘어지고 말았다.	船が横に傾くにつれて重心を失い、倒れてしまった。
사장님의 무리한 계획에 **맞서** 반대 의견을 내세웠다.	社長の無理な計画に歯向かって反対意見を出した。

形容詞 11 _ 状態

0889 □□	**미끄럽다** [미끄럽따]	つるつるだ、すべすべだ 活 ㅂ変則 関 미끄러지다 滑る
0890 □□	**밀접하다** [밀쩌파다]	密接だ 漢 密接-- 活 하다用言 類 가깝다
0891 □□	**폭넓다** [퐁널따]	幅広い 漢 幅--
0892 □□	**신선하다** [신서나다]	新鮮だ 漢 新鮮-- 活 하다用言 類 새롭다
0893 □□	**싱싱하다**	新鮮だ、生き生きしている、みずみずしい 活 하다用言
0894 □□	**먹음직하다** [머금지카다]	おいしそうだ 活 하다用言
0895 □□	**달콤하다** [달코마다]	甘い、甘ったるい 活 하다用言
0896 □□	**느끼하다**	脂っこい、もたれ気味だ、しつこい 活 하다用言
0897 □□	**바르다**	正しい 活 르変則 類 옳다, 올바르다
0898 □□	**이롭다** [이롭따]	ためになる、有利だ、得だ 漢 利-- 活 ㅂ変則 対 해롭다 害になる
0899 □□	**무사하다**	無事だ 漢 無事-- 活 하다用言 副 무사히
0900 □□	**순조롭다** [순조롭따]	順調だ 漢 順調-- 活 ㅂ変則

解説 0890 **밀접한**は、[밀쩌판]と発音（漢字語の濃音化）。

눈이 와서 길이 **미끄러우니** 조심하세요. | 雪が降って道がつるつるなので気を付けてください。

🈁 두 나라는 서로 **밀접한** 관계가 있습니다. | 両国は互いに密接な関係があります。

그녀의 **폭넓은** 연기력으로 많은 사람들의 사랑을 받았다. | 彼女の幅広い演技力で多くの人から愛された。

신선한 채소를 매일 아침 보내 드리고 있어요. | 新鮮な野菜を毎朝送っています。

식사 후에는 **싱싱한** 과일을 먹고 있습니다. | 食後には新鮮な果物を食べています。

매일 **먹음직한** 빵을 구워서 식탁에 놓는다. | 毎日おいしそうなパンを焼いて食卓に置く。

식빵에 **달콤한** 꿀을 발라 먹으면 맛있다. | 食パンに甘い蜂蜜を塗って食べるとおいしい。

튀김이 **느끼해서** 많이 못 먹겠어요. | 揚げ物が脂っこくてたくさん食べられそうにありません。

약속은 지키는 것이 **바른** 태도라고 생각해. | 約束は守るのが正しい態度だと思う。

모든 사람에게 **이로운** 물건을 개발하려고 합니다. | 全ての人にとってためになる物を開発しようと思います。

큰 비행기 사고였지만 모두 **무사했다.** | 大きな飛行機事故だったが、皆無事だった。

첫 번째 사업이지만 일의 진행은 **순조롭습니다.** | 最初の事業ですが仕事の進行は順調です。

| 0901 □□ | **귀하다** | 尊い、貴い　漢 貴-- |
| | | 活 하다用言　対 천하다 賤しい |

| 0902 □□ | **귀중하다** | 貴重だ　漢 貴重-- |
| | | 活 하다用言 |

| 0903 □□ | **해롭다** [해롭따] | 害になる　漢 害-- |
| | | 活 ㅂ変則　対 이롭다 有利だ |

| 0904 □□ | **소홀하다** [소호라다] | おろそかだ、そこつだ　漢 疎忽-- |
| | | 活 하다用言　副 소홀히 |

| 0905 □□ | **험하다** [허마다] | 険しい、ひどく荒い　漢 険-- |
| | | 活 하다用言 |

| 0906 □□ | **속되다** [속뙤다] | 俗っぽい、野卑だ　漢 俗-- |

| 0907 □□ | **가렵다** [가렵따] | かゆい |
| | | 活 ㅂ変則 |

| 0908 □□ | **간지럽다** [간지럽따] | むずがゆい、かゆい、くすぐったい |
| | | 活 ㅂ変則 |

| 0909 □□ | **나른하다** [나르나다] | だるい |
| | | 活 하다用言 |

| 0910 □□ | **피로하다** | 疲れている　漢 疲労-- |
| | | 活 하다用言　名 피로 |

| 0911 □□ | **너절하다** [너저라다] | みすぼらしい、汚らしい、むさくるしい |
| | | 活 하다用言 |

| 0912 □□ | **지저분하다** [지저부나다] | 汚らしい、むさくるしい、散らかっている |
| | | 活 하다用言　類 더럽다　対 깔끔하다 さっぱりしている |

解説　0902 **되겠니?**は、**되다** (よい) に-**겠니?**が付いた形。　0905 **산속**は、[산쏙]と発音 (合成語の濃音化)。　0908 **긁어 달라고**は、**긁다** (かく) に-**어 달라고**が付いた形。

오늘 이렇게 **귀한** 시간 내 주셔서 감사해요.	今日、こうして貴重な時間を割いてくださりありがとうございます。
図 그런 **귀중한** 물건을 아무 데나 놔두면 되겠니?	そのような貴重な物を所構わず置きっ放しにしていていいのか?
이런 음식은 몸에 **해로우니** 드시지 않는 게 좋겠어요.	こういう食べ物は体に害になるので、召し上がらない方がいいでしょう。
어학 공부는 발음을 **소홀히** 하면 안 됩니다.	語学の勉強は発音をおろそかにしたらいけません。
発 산속 **험한** 길을 계속 지나자 마을이 나왔다.	山の中の険しい道をずっと通ったら村に出た。
이곳에서는 **속된** 표현을 쓰지 마세요.	ここでは俗っぽい表現を使わないでください。
모기에 물린 곳이 **가려워서** 계속 긁었다.	蚊に刺された所がかゆくてかき続けた。
図 등이 **간지러울** 때 아내에게 긁어 달라고 한다.	背中がむずがゆいとき、妻にかいてくれと言う。
점심 후 사무실에 앉아 있으면 **나른하다**.	昼食後、事務室に座っているとだるい。
매일 매일 야근으로 **피로해서** 못 살겠어.	毎日毎日夜勤で疲れて生きられない。
너절한 옷차림의 남자가 걸어왔다.	みすぼらしい身なりの男が歩いてきた。
방이 **지저분해도** 너무 바빠서 치울 수가 없어요.	部屋が汚くてもすごく忙しくて片付けることができません。

0913 □□	**막상** [막쌍]	いざ、いざと、実際に
0914 □□	**정작**	実際のところ、いざ (〜してみると)
0915 □□	**도리어**	逆に、かえって、むしろ 類 오히려
0916 □□	**기껏해야** [기꺼태야]	せいぜい、たかだか
0917 □□	**무려**	なんと 漢 無慮
0918 □□	**비로소**	初めて、ようやく 類 처음으로
0919 □□	**아예**	初めから、全く、絶対に
0920 □□	**미처**	(ここまでで) まだ、ついぞ 類 채
0921 □□	**차마**	(否定的な文を伴って) とても、とうてい
0922 □□	**여간**	並大抵の (〜ではない) 漢 如干
0923 □□	**어째서**	どうして、なぜ
0924 □□	**어찌**	どうして、なぜ、どのように

解説   0913 **발표하려니**는、**발표하다** (発表する) に-**려니**が付いた形。 0914 **돕느라**는、**돕다** (手伝う) に-**느라**が付いた形。 0915 **도와주었더니**는、**도와주다** (手伝う) に-**었더니**が付いた形。**화를 내더라고요**は、**화를 내다** (怒る) に-**더라고요**が付いた形。 0919 **못할 약속은**は、[모탈 략쏘근]と発音 (ㄴ挿入)。**좋습니다**는、[조씀니다]と発音 (語尾の濃 ↗

文	꽤 준비했지만 **막상** 발표하려니 많이 긴장됩니다.	かなり準備したけど、いざ発表しようとしたらとても緊張します。
文	다른 사람 돕느라 **정작** 내 일은 못 했어.	他の人を手伝っていて、実際のところ自分のことはできなかった。
文	도와주었더니 **도리어** 나에게 화를 내더라고요.	手伝ってあげたら、逆に僕に怒ったんですよ。
	저금한 돈이 **기껏해야** 100만 원밖에 안 돼요.	貯金した金がせいぜい100万ウォンにしかなりません。
	그 옷은 한 벌에 **무려** 1천만 원을 넘는다고 한다.	その服は1着でなんと1千万ウォンを超えるそうだ。
	오늘은 **비로소** 그의 작품이 공개되는 날입니다.	今日は初めて彼の作品が公開される日です。
発	지키지 못할 약속은 **아예** 하지 않는 게 좋습니다.	守れない約束は初めからしない方がいいです。
様	최근에 바빠서 **미처** 챙기지 못한 일이 있었네요.	最近忙しくてまだ準備できていないことがありましたね。
文	당사자가 충격을 받을까 봐 **차마** 말을 못 하겠어요.	当事者が衝撃を受けるんじゃないかと不安で、とても言えなそうです。
文	중급이 되면서 단어를 외우는 게 **여간** 힘들지 않다.	中級になってきて、単語を覚えるのが並大抵の大変さではない。
	어째서 내 말은 안 듣고 다른 사람 말만 들어?	どうして僕の言葉は聞かずに他の人の言葉だけ聞くんだ？
発文	쌍둥이인데 **어찌** 그렇게 다른지 신기하더군요.	双子なのにどうしてそんなに違うのか不思議でしたよ。

11
週目

音化)。　0920 **못한 일이**는、[모탄 니리]と発音 (ㄴ挿入)。　0921 **받을까 봐**는、**받다** (受ける) に-**을까 봐**が付いた形。　0922 **여간 힘들지 않다**는、**힘들다** (大変だ) に**여간 -지 않다**が付いた形。0924 **신기하더군요**는、**신기하다** (不思議だ) に-**더군요**が付いた形で、[신기하더군뇨]と発音 (ㄴ挿入)。

271

74日目 [TR108]

□ 0877 **여기다**	여기고	여기면	여기니까	여겨서
□ 0878 **짐작하다** 하用	짐작하고	짐작하면	짐작하니까	짐작해서
□ 0879 **헤아리다**	헤아리고	헤아리면	헤아리니까	헤아려서
□ 0880 **떠올리다**	떠올리고	떠올리면	떠올리니까	떠올려서
□ 0881 **재다**	재고	재면	재니까	재서
□ 0882 **망설이다**	망설이고	망설이면	망설이니까	망설여서
□ 0883 **알아차리다**	알아차리고	알아차리면	알아차리니까	알아차려서
□ 0884 **소원하다** 하用	소원하고	소원하면	소원하니까	소원해서
□ 0885 **신나다**	신나고	신나면	신나니까	신나서
□ 0886 **굶다**	굶고	굶으면	굶으니까	굶어서
□ 0887 **기울다** ㄹ語幹	기울고	기울면	기우니까	기울어서
□ 0888 **맞서다**	맞서고	맞서면	맞서니까	맞서서

75日目 [TR109]

□ 0889 **미끄럽다** ㅂ変	미끄럽고	미끄러우면	미끄러우니까	미끄러워서
□ 0890 **밀접하다** 하用	밀접하고	밀접하면	밀접하니까	밀접해서
□ 0891 **폭넓다**	폭넓고	폭넓으면	폭넓으니까	폭넓어서
□ 0892 **신선하다** 하用	신선하고	신선하면	신선하니까	신선해서
□ 0893 **싱싱하다** 하用	싱싱하고	싱싱히면	싱싱하니까	싱싱해서
□ 0894 **먹음직하다** 하用	머음직하고	먹음직하면	믹음직하니까	벅음직해서

用言の四つの活用形を掲載しました。活用が正則でない場合は、基本形の横に変則活用の種類をアイコンで示しました（アイコンの見方はP.010参照）。

□ 0895 **달콤하다** 하用 　달콤하고 　달콤하면 　달콤하니까 　달콤해서

□ 0896 **느끼하다** 하用 　느끼하고 　느끼하면 　느끼하니까 　느끼해서

□ 0897 **바르다** 르変 　바르고 　바르면 　바르니까 　발라서

□ 0898 **이롭다** ㅂ変 　이롭고 　이로우면 　이로우니까 　이로워서

□ 0899 **무사하다** 하用 　무사하고 　무사하면 　무사하니까 　무사해서

□ 0900 **순조롭다** ㅂ変 　순조롭고 　순조로우면 　순조로우니까 순조로워서

76日目　[TR110]

□ 0901 **귀하다** 하用 　귀하고 　귀하면 　귀하니까 　귀해서

□ 0902 **귀중하다** 하用 　귀중하고 　귀중하면 　귀중하니까 　귀중해서

□ 0903 **해롭다** ㅂ変 　해롭고 　해로우면 　해로우니까 　해로워서

□ 0904 **소홀하다** 하用 　소홀하고 　소홀하면 　소홀하니까 　소홀해서

□ 0905 **험하다** 하用 　험하고 　험하면 　험하니까 　험해서

□ 0906 **속되다** 　속되고 　속되면 　속되니까 　속돼서

□ 0907 **가렵다** ㅂ変 　가렵고 　가려우면 　가려우니까 　가려워서

□ 0908 **간지럽다** ㅂ変 　간지럽고 　간지러우면 간지러우니까 간지러워서

□ 0909 **나른하다** 하用 　나른하고 　나른하면 　나른하니까 　니른해서

□ 0910 **피로하다** 하用 　피로하고 　피로하면 　피로하니까 　피로해서

□ 0911 **너절하다** 하用 　너절하고 　너절하면 　너절하니까 　너절해서

□ 0912 **지저분하다** 하用 　지저분하고 지저분하면 지저분하니까 지저분해서

- □ 0841 **골**
- □ 0842 **팝송**
- □ 0843 **북**
- □ 0844 **자판**
- □ 0845 **여론**
- □ 0846 **정답**
- □ 0847 **솜씨**
- □ 0848 **쓸모**
- □ 0849 **흉내**
- □ 0850 **수수께끼**
- □ 0851 **장르**
- □ 0852 **사극**
- □ 0853 **줄거리**
- □ 0854 **대강**
- □ 0855 **대사**
- □ 0856 **머리말**
- □ 0857 **속담**
- □ 0858 **존댓말**
- □ 0859 **말투**
- □ 0860 **사투리**
- □ 0861 **철자**

- □ 0862 **엑스**
- □ 0863 **따옴표**
- □ 0864 **쉼표**
- □ 0865 **바탕**
- □ 0866 **무늬**
- □ 0867 **빛깔**
- □ 0868 **얼룩**
- □ 0869 **분홍색**
- □ 0870 **보라색**
- □ 0871 **갈색**
- □ 0872 **가로**
- □ 0873 **세로**
- □ 0874 **껍질**
- □ 0875 **박스**
- □ 0876 **틀**
- □ 0877 **여기다**
- □ 0878 **짐작하다**
- □ 0879 **헤아리다**
- □ 0880 **떠올리다**
- □ 0881 **재다**
- □ 0882 **망설이다**

次の韓国語の訳を書いてみましょう。分からなかった単語は、前に戻ってもう一度覚えましょう。

☐ 0883 알아차리다	☐ 0904 소홀하다
☐ 0884 소원하다	☐ 0905 험하다
☐ 0885 신나다	☐ 0906 속되다
☐ 0886 굶다	☐ 0907 가렵다
☐ 0887 기울다	☐ 0908 간지럽다
☐ 0888 맞서다	☐ 0909 나른하다
☐ 0889 미끄럽다	☐ 0910 피로하다
☐ 0890 밀접하다	☐ 0911 너절하다
☐ 0891 폭넓다	☐ 0912 지저분하다
☐ 0892 신선하다	☐ 0913 막상
☐ 0893 싱싱하다	☐ 0914 정작
☐ 0894 먹음직하다	☐ 0915 도리어
☐ 0895 달콤하다	☐ 0916 기껏해야
☐ 0896 느끼하다	☐ 0917 무려
☐ 0897 바르다	☐ 0918 비로소
☐ 0898 이롭다	☐ 0919 아예
☐ 0899 무사하다	☐ 0920 미처
☐ 0900 순조롭다	☐ 0921 차마
☐ 0901 귀하다	☐ 0922 여간
☐ 0902 귀중하다	☐ 0923 어째서
☐ 0903 해롭다	☐ 0924 어찌

11
週目

□ 0841 ゴール

□ 0842 ポップソング

□ 0843 太鼓

□ 0844 キーボード

□ 0845 世論

□ 0846 正解

□ 0847 腕前

□ 0848 使い道

□ 0849 ものまね

□ 0850 なぞなぞ

□ 0851 ジャンル

□ 0852 時代劇

□ 0853 あらすじ

□ 0854 あらまし

□ 0855 せりふ

□ 0856 序文

□ 0857 ことわざ

□ 0858 敬語

□ 0859 言葉遣い

□ 0860 方言

□ 0861 スペル

□ 0862 ばつ印

□ 0863 引用符

□ 0864 休止符

□ 0865 基礎

□ 0866 模様

□ 0867 色どり

□ 0868 染み

□ 0869 桃色

□ 0870 紫色

□ 0871 茶色

□ 0872 横

□ 0873 縦

□ 0874 皮

□ 0875 段ボール箱

□ 0876 型

□ 0877 思う

□ 0878 推測する

□ 0879 推し量る

□ 0880 思い浮かべる

□ 0881 （寸法を）測る

□ 0882 ためらう

次の韓国語の訳を書いてみましょう。分からなかった単語は、前に戻ってもう一度覚えましょう。

□ 0883 気付く _____

□ 0884 願う _____

□ 0885 心が躍る _____

□ 0886 飢える _____

□ 0887 傾く _____

□ 0888 立ち向かう _____

□ 0889 つるつるだ _____

□ 0890 密接だ _____

□ 0891 幅広い _____

□ 0892 新鮮だ _____

□ 0893 新鮮だ _____

□ 0894 おいしそうだ _____

□ 0895 甘い _____

□ 0896 脂っこい _____

□ 0897 正しい _____

□ 0898 ためになる _____

□ 0899 無事だ _____

□ 0900 順調だ _____

□ 0901 尊い _____

□ 0902 貴重だ _____

□ 0903 害になる _____

□ 0904 おろそかだ _____

□ 0905 険しい _____

□ 0906 俗っぽい _____

□ 0907 かゆい _____

□ 0908 むずがゆい _____

□ 0909 だるい _____

□ 0910 疲れている _____

□ 0911 みすぼらしい _____

□ 0912 汚らしい _____

□ 0913 いざ _____

□ 0914 実際のところ _____

□ 0915 逆に _____

□ 0916 せいぜい _____

□ 0917 なんと _____

□ 0918 初めて _____

□ 0919 初めから _____

□ 0920 まだ _____

□ 0921 とても _____

□ 0922 並大抵の (〜ではない) _____

□ 0923 どうして _____

□ 0924 どうして _____

1週目
2週目
3週目
4週目
5週目
6週目
7週目
8週目
9週目
10週目
11週目
12週目

01　小説を読む前にあらすじを調べます。

02　ことわざを覚えても、いざ使おうとすると難しいです。

03　韓国ドラマが好きなのですが時代劇はあまり見ません。

04　韓国の方言も勉強してみたいです。

05　その日の入場客はなんと10万人だった。

06　ドラマのせりふを覚えるのは良い学習方法です。

07　普段どんなジャンルの音楽を聴くんですか?

08　韓国語の引用符は日本語と違いますね。

09　衣装を作るためにサイズを測る必要があります。

10　なくしてから初めてその大切さを悟った。

11 その会社は幅広くさまざまな事業をやっている。

12 言わなければいけない言葉をついに伝えられなかった。

13 私にとっては彼のアイデアがとても新鮮でした。

14 あの日見た景色をたまに思い出す。

15 海外で学んだことを基に、本を書きました。

16 いくらかいてもかゆいのが治らない。

17 成功への道は遠く険しい。

18 留学するかやめるか迷っています。

19 時間がかかると言ってもせいぜい1時間ぐらいだろう。

20 夜に脂っこいものを食べたくありません。

» 解答は P.308

1週目 2週目 3週目 4週目 5週目 6週目 7週目 8週目 9週目 10週目 11週目 12週目

» 語尾・表現

-려면/-으려면	～しようと思ったら、～するためには	0849 / 0856
~을/~를 불문하고	～をとわず	0851
-려니	～しようとしたら	0913
-느라	～していて、～するのに大変で	0914
-더라고요	～したんですよ・だったんですよ	0915
-ㄹ까/-을까 봐	～するんじゃないかと (思って)	0921
여간 -지 않다	並大抵の～ではない	0922
-더군요	～したんですよ・だったんですよ	0924

準2級

12 週目

0925 □□	**갑**	小さい箱、~箱、ケース　漢匣
0926 □□	**갖가지** [갇까지]	いろいろ、さまざま
0927 □□	**몇몇** [면멷]	いくつか
0928 □□	**여럿** [여럳]	多数、多くの
0929 □□	**대여섯** [대여섣]	五つか六つの
0930 □□	**덩어리**	塊
0931 □□	**자취**	痕跡、跡、跡形
0932 □□	**역**	役　漢役
0933 □□	**차림**	格好、なり、姿
0934 □□	**향기**	香り　漢香気 関 냄새 におい
0935 □□	**물기** [물끼]	水気　漢-気 類 수분
0936 □□	**거품**	泡

解説　0926 **갔더니**は、**가다** (行く) に-**았더니**が付いた形。 0930 **넣었더니**は、**넣다** (入れる) に-**었더니**が付いた形。 0932 **주인공 역은**は、[**주인공 녀근**]と発音 (ㄴ挿入)。 0935 **감고**は、[**감꼬**]と発音 (語尾の濃音化)。 **물기**は、[**물끼**]と発音 (漢字語の濃音化)。 **말렸더니**は、**말리다** (乾かす) に-**었더니**が付いた形。 0936 **내도록 하십시오**は、**내다** (出

282

담뱃값이 오르기 전에 담배를 여러 **갑** 사 뒀다.	たばこの値段が上がる前にたばこを数箱買っておいた。
🗂 시장에 **갔더니** 본 적 없는 **갖가지** 음식이 있었다.	市場に行ったら、見たことがないいろいろな食べ物があった。
모임 후 **몇몇** 사람들은 따로 술을 마시러 갔다.	集まりの後、何人かの人は別に酒を飲みに行った。
여럿이 모여 회의를 해 보면 아마도 답이 나오겠죠.	多数が集まって会議をしたら、おそらく答えが出るでしょう。
그 가게는 늘 **대여섯** 명의 손님이 줄을 서 있어요.	その店はいつも5、6人の客が列を作っています。
🗂 잘못해서 소금 **덩어리**를 국에 넣었더니 너무 짰다.	誤って塩の塊を汁に入れたらとてもしょっぱかった。
위대한 작가의 **자취**를 따라가면서 예술을 생각했다.	偉大な作家の痕跡をたどりながら芸術のことを考えた。
📢 주인공 **역**은 누가 하나요?	主人公役は誰がやるんですか?
그 사람의 **차림**새를 보니 곱게 자란 것 같았다.	あの人の格好を見たところ、大切に育てられてきたようだった。
그녀가 바른 향수의 **향기**에 나도 모르게 끌렸다.	彼女が付けている香水の香りにわれ知らず引かれた。
📢🗂 머리 감고 **물기**를 안 말렸더니 감기에 걸렸다.	髪を洗って水気を乾かさなかったら風邪をひいた。
🗂 씻기 전에 우선 비누 **거품**을 많이 내도록 하십시오.	洗う前にまずせっけんの泡をたくさん出すようにしてください。

す) に-**도록 하십시오**が付いた形。

0937 □□	**사물**	物事、事物　漢 事物
0938 □□	**매사**	全ての事　漢 毎事
0939 □□	**위주**	中心、主とすること　漢 為主
0940 □□ [장쩜]	**장점**	長所　漢 長点 対 단점 短所
0941 □□ [단쩜]	**단점**	短所　漢 短点 対 장점 長所
0942 □□ [웬닐]	**웬일**	どういうこと、何ごと
0943 □□	**방도**	方法、方途　漢 方途
0944 □□	**본보기**	手本、見本　漢 本--
0945 □□	**품2**	手間、労力
0946 □□	**사연**	事情、訳、理由、エピソード　漢 事縁
0947 □□ [까닥]	**까닭**	理由、原因、訳 類 이유, 원인
0948 □□ [별릴]	**별일**	変わったこと　漢 別-

解説　0938 **결정하는**は、[**결쩡하는**]と発音（漢字語の濃音化）。**웬일이니?**は、**웬일**（何ごと）に〜**이다**、**-니?**が付いた形で、[**웬니리니**]と発音（ㄴ挿入）。 0940 **장점은**は、[**장쩌믄**]と発音（漢字語の濃音化）。 0911 **단점**は、[**난쩜**]と発音（漢字語の濃音化）。 0942 **밤중**は、[**밤쭝**]と発音（合成語の濃音化）。**웬일**は、[**웬닐**]と発音（ㄴ挿入）。 0943 **이번** ↗

사물을 이해하는 능력을 키우는 것이 중요합니다.

物事を理解する能力を育てることが重要です。

発文 **매사**를 신중하게 결정하는 네가 웬일이니?

何事も慎重に決めるあなたがどうしたの？

건강을 위해서 채식 **위주**의 식사를 하고 있습니다.

健康のために菜食中心の食事をしています。

発 그의 **장점**은 무엇이든 긍정적으로 받아들이는 것이다.

彼の長所は何であれ肯定的に受け入れることだ。

発 너무 상대의 **단점**만 가지고 뭐라고 하면 안 됩니다.

あまりにも相手の短所のみでもって何かを言ってはいけません。

発 이 밤중에 **웬일**로 다 전화를 하고 그래?

こんな夜中にどうして電話をしたんだ？

発 이번 일에 어떤 **방도**라도 찾아봐야죠.

今回のことに対して、どんな方法でも探してみませんと。

제가 **본보기**를 보일 테니까 잘 보고 따라 하세요.

私が手本を見せるので、よく見て後についてやってください。

発 집 **구하는** 일은 **품**이 많이 드는 일이야.

家を探すのはとても手間のかかることだ。

発 이 물건에 그런 **사연**이 숨겨져 있었군요.

これにそんな理由が隠されていたんですね。

文 왜 힘든지 **까닭**을 알아야 내가 도와줄 거 아니니?

どうして大変なのか理由を知らないと僕が手伝えないだろ？

発文 외국에 오래 살면 **별일**을 다 겪게 되나 싶어요.

外国に長く住めば、変わったことを全部経験するんじゃないかと思います。

12週目

일에는, [이번 니레]와 발음 (ㄴ挿入)。 0945 **구하는 일은**은, [구하는 니른]과 발음 (ㄴ挿入)。드는 일이야는, [드는 니리야]와 발음 (ㄴ挿入)。 0946 **있었군요**는, [이썯꾼뇨]와 발음 (ㄴ挿入)。 0947 **아니니?**는, **아니다** (〜ではない) 에-니?가 붙은 形。 0948 **별일을**은, [별리를]과 발음 (ㄴ挿入)。**겪게 되나 싶어요**는, **겪다** (経験する) 에 -게 되다, -나 싶어요가 붙은 形。

名詞 37 _ 否定的なもの・こと [TR113]

0949	**거짓** □□ [거짇]	うそ 対 진실 真実
0950	**성희롱** □□ [성히롱]	セクハラ 漢 性戯弄
0951	**폐** □□ [폐]	迷惑 漢 弊
0952	**흠** □□	欠点、傷 漢 欠
0953	**야단** □□	大騒ぎ、叱ること 漢 惹端
0954	**엉망** □□	めちゃくちゃ
0955	**엉터리** □□	はったり、見かけ倒し、でたらめ
0956	**난리** □□ [날리]	大騒ぎ、騒動 漢 乱離
0957	**꼴** □□	格好、様子、ざま
0958	**짓** □□ [짇]	行い、仕業、振る舞い、行動
0959	**매** □□	むち、むち打ち
0960	**티** □□	傷、欠点

解説　0951 **이번 일**は、[**이번 닐**]と発音（ㄴ挿入）。 0952 **본인 일이나**は、[**보닌 니리나**]と発音（ㄴ挿入）。 0956 **대단한 일**は、[**대다난 닐**]と発音（ㄴ挿入）。

그 사람 말에는 참과 **거짓**이 섞여 있으니 조심해.	その人の言葉には真実とうそが交ざっているので気を付けなさい。
성희롱으로 회사를 그만둔 사람도 있다.	セクハラで会社を辞めた人もいる。
發 이번 일로 **폐**를 끼쳐서 죄송합니다.	今回のことで迷惑を掛けて申し訳ありません。
發 남의 **흠**만 잡지 말고 <u>본인 일이나</u> 잘하세요.	他人のあら探しばかりしてないで自分のことをしっかりやってください。
별로 대단한 문제도 아닌데 왜 이렇게 **야단**인 거죠?	別に大した問題でもないのに、どうしてこんなに騒ぐんですか?
이렇게 **엉망**인 원고를 어떻게 번역할 수 있겠어요?	こんなめちゃくちゃな原稿をどうやって翻訳できますか?
진지한 질문에 그렇게 **엉터리**로 대답하면 어떡합니까?	真面目な質問にそのようにはったりで返してどうするのですか?
發 별로 대단한 일도 아닌데 왜 이렇게 **난리**인 거야?	別に大したことでもないのに、どうしてこんなに大騒ぎなんだ?
시험에 몇 번이나 떨어진 내 **꼴**이 너무 한심하다.	試験に何度も落ちた自分の姿がとても惨めだ。
네가 그동안 한 **짓**을 생각하면 나한테 빌어도 부족하지.	君がこれまでにしたことを考えたら僕に謝っても足りないだろ。
자주 **매**를 들던 어머니가 이제는 말도 없으십니다.	よくむちを打っていた母が、今では言葉もありません。
아이들이 **티** 없이 밝고 건강하게만 자라면 좋겠다.	子どもたちが純粋に (傷なく) 明るく、健康にさえ育ってくれればうれしい。

0961 □□	**머무르다**	とどまる、滞在する、泊まる、止まる 活 르変則 対 떠나다 発つ
0962 □□	**매달리다**	しがみつく、ぶら下がる、取りすがる、へばりつく 類 붙들다
0963 □□	**밀리다**	滞る、渋滞する、たまる、押される
0964 □□	**붐비다**	混み合う、混む
0965 □□	**비기다**	肩を並べる、比べる、例える
0966 □□	**비롯되다** [비롣뙤다]	由来する、始まる、端を発する
0967 □□	**앞두다** [압뚜다]	前にする、控える、目前に迫る
0968 □□	**체하다**	胃もたれする、消化不良になる 漢 滞-- 活 하다用言
0969 □□	**타고나다**	生まれ持つ
0970 □□	**미치다**	及ぼす、及ぶ
0971 □□	**어긋나다** [어근나다]	食い違う
0972 □□	**차지하다**	占める、獲得する 活 하다用言

解説 0968 **굶다가**は、[굼따가]と発音 (語尾の濃音化) 。**먹었더니**は、**먹다** (食べる) に-**었더니**が付いた形。

실력이 이 정도에서 **머무르는** 것에 만족할 수 없어요.	実力がこの程度でとどまることに満足できません。
그 사람에게만 **매달리지** 말고 다른 사람도 찾아봐.	その人にだけしがみついてないで、他の人も探してみな。
월요일에 차로 출근하는 사람이 많아 길이 **밀립니다**.	月曜日に車で出勤する人が多く、道が渋滞します。
저녁을 준비하기 위해 들른 마트는 주부들로 **붐볐다**.	夕食の準備をするために寄ったスーパーは主婦たちで混み合っていた。
그 사람에게 **비길** 만한 실력자가 우리 회사에 있을까요?	その人に肩を並べるほどの実力者がうちの会社にいるでしょうか？
인사는 서로의 안녕을 기원하는 습관에서 **비롯됐다**.	あいさつは互いの安寧を願う習慣に由来している。
면접을 **앞두고** 지나치게 긴장했는지 땀이 나네요.	面接を前にして過度に緊張したのか、汗が出ますね。
^発^文 오전 내내 <u>굶다가</u> 급하게 <u>먹었더니</u> **체한** 것 같다.	午前中ずっと食事を抜いていて、急いで食べたら胃もたれしたようだ。
그의 연주 실력은 누가 봐도 **타고난** 것 같다.	彼の演奏の実力はどう見ても生まれ持ったものだと思う。
이번 사태는 우리 회사까지 영향을 **미칩니다**.	今回の事態は私たちの会社まで影響を及ぼします。
그 사람과 그렇게 **어긋난** 뒤로 못 만났어.	その人とそうやって食い違った後、会えなかった。
그 넓은 자리를 혼자 **차지하면** 어떡합니까.	その広い席を独り占めしてどうするんですか。

0973 □□	**바람직하다** [바람지카다]	望ましい、正しい 活 하다用言
0974 □□	**터무니없다** [터무니업따]	途方もない、根拠がない
0975 □□	**형편없다** [형펴넙따]	甚だ良くない　漢 形便--
0976 □□	**위태롭다** [위태롭따]	危うい、たどたどしい　漢 危殆-- 活 ㅂ変則
0977 □□	**가난하다** [가나나다]	貧乏だ 活 하다用言
0978 □□	**메스껍다** [메스껍따]	むかむかする、吐き気がする 活 ㅂ変則
0979 □□	**어지럽다** [어지럽따]	目まいがする、目まぐるしい、散らかっている 活 ㅂ変則
0980 □□	**가쁘다**	息が苦しい、手に余って苦しい 活 으語幹
0981 □□	**그럴듯하다** [그럴뜨타다]	もっともらしい、まことしやかに 活 하다用言
0982 □□	**뻔하다** [뻐나다]	分かり切っている、ほんのり明るい 活 하다用言
0983 □□	**새삼스럽다** [새삼스럽따]	事新しい、(새삼스럽게の形で) 今さら、改めて 活 ㅂ変則
0984 □□	**쓸데없다** [쓸떼업따]	要らない、役に立たない

解説　0975 **탔단 말이에요?**は、**타다** (賞を取る) に**-았다고 하는 말이에요**の縮約形**-았단 말이에요**が付いた形。 0978 **탔더니**は、**타다** (乗る) に**-았더니**が付いた形。 0979 **일어났더니**は、**일어나다** (立ち上がる) に**-았더니**が付いた形。 0984 **할 일이나**は、[**할 리리나**]と発音 (ㄴ挿入)。**열심히**は、[**열씨미**]と発音 (漢字語の濃音化)。

야근하는 것이 꼭 **바람직한** 것은 아니에요. | 夜勤するのは必ずしも望ましいことではありません。

그 사람 이야기는 **터무니없는** 거짓말이야. | その人の話は途方もないうそだ。

🅵 이런 **형편없는** 작품이 상을 탔단 말이에요? | こんな甚だ良くない作品が賞を取ったというのですか?

그의 사업 경영방식은 늘 **위태로웠다**. | 彼の事業経営方式はいつも危うかった。

가난하다고 지금 무시하는 건가요? | 貧乏だからって今ばかにしているんですか?

🅵 버스를 오래 탔더니 속이 **메스껍네**. | バスに長く乗っていたら、むかむかしてきた。

🅵 한 자리에 오래 앉아 있다가 일어났더니 **어지러웠다**. | 1カ所に長く座っていて立ち上がったら目まいがした。

급하게 전철을 타서 숨이 매우 **가빴다**. | 急いで電車に乗ってとても息が苦しかった。

그 사람 말은 **그럴듯하지만** 사실 내용이 별로 없다. | その人の言葉はもっともらしいけど、実は内容があまりない。

네가 한 말은 거짓말이라는 게 **뻔해**. | 君の言葉がうそだということは分かり切っている。

그 얘기는 많이 들어서 **새삼스럽지도** 않아. | その話はたくさん聞いていて事新しくもない。

🅿 **쓸데없는** 걱정 하지 말고 자기 할 일이나 열심히 하세요. | 要らない心配はせずに自分のすべきことでも一生懸命やりなさい。

291

形容詞 14 _ 程度

0985 □□	**엄청나다**	とんでもない、途方もない 麺 어마어마하다, 무지무지하다, 굉장하다
0986 □□	**별다르다**	特別だ、特別変わっている　漢 別--- 活 르変則　麺 유별나다
0987 □□	**뛰어나다**	優れている、抜きんでている 麺 탁월하다
0988 □□	**두드러지다**	目立っている、際立っている
0989 □□ [넝너카다]	**넉넉하다**	十分だ、豊かだ、裕福だ 活 하다用言　麺 충분하다　対 모자라다 足りない
0990 □□ [저카파다]	**적합하다**	適している、向いている　漢 適合-- 活 하다用言
0991 □□	**마땅하다**	当然だ、ふさわしい、適切だ 活 하다用言　麺 당연하다
0992 □□ [몯찌안타]	**못지않다**	劣らない、遜色ない
0993 □□ [손쉽따]	**손쉽다**	たやすい、簡単だ 活 ㅂ変則
0994 □□ [웬마나다]	**웬만하다**	それなりだ、まあまあだ、相当なものだ 活 하다用言　麺 어지간하다
0995 □□ [아무러타]	**아무렇다**	どうである、(아무렇게の形で) いいかげんに 活 ㅎ変則
0996 □□	**사소하다**	ささいだ、取るに足らない、つまらない　漢 些少-- 活 하다用言　対 중요하다 重要だ

解説	0989 용돈은은、[용또는]と発音 (合成語の濃音化)。 0991 **마땅한 일이**は、[마땅한 니리]と発音 (ㄴ挿入)。않은 일이は、[아는 니리]と発音 (ㄴ挿入)。 0994 **그러냐?**は、그러다 (そうする) に-냐?が付いた形。 0995 **못 찾는다**は、못 찾다 (見つけられない) に-는다が付いた形。

공사 현장에서 날마다 **엄청나게** 큰 소리가 들린다.	工事現場で毎日とんでもなく大きな音が聞こえる。
연예인이라고 **별다른** 사람들은 아닙니다.	芸能人だからといって特別な人ではありません。
그 사람은 외국어 실력이 **뛰어나서** 해외 영업을 하게 됐다.	その人は外国語の実力が優れていて海外営業をすることになった。
실력이 있는 그는 모인 사람 중에서도 **두드러졌다.**	実力ある彼は集まった人の中でも目立っていた。
発 사업가로 성공하신 아버지가 주신 <u>용돈</u>은 늘 **넉넉했다.**	事業家として成功なさった父がくださった小遣いはいつも十分だった。
이 방법은 모든 학생에게 **적합한** 것은 아닙니다.	この方法は全ての学生に適したものではありません。
発 해서 **마땅한** 일이 있고 그렇지 <u>않은</u> 일이 있습니다.	やって当然のことと、そうではないことがあります。
그 일을 겪으면서 너 **못지않게** 나도 많이 힘들었어.	そのことを経験して、君に劣らず僕もすごく大変だったよ。
김치도 재료만 준비되어 있다면 **손쉽게** 만들 수 있어요.	キムチも材料さえ準備されていればたやすく作ることができます。
文 **웬만한** 사람은 한 번에 알아듣는데 넌 왜 그러냐?	大概の人は一回で理解するのに、おまえはどうしてそうなんだ？
文 물건을 **아무렇게** 두다 보면 나중에 못 찾는다.	物をいいかげんに置いていると、後で見つからない。
때로는 **사소한** 문제가 큰 싸움으로 번지기도 합니다.	時にはささいな問題が大きなけんかになることもあります。

0997 □□	**도무지**	まったく

0998 □□	**어찌나**	どんなに、あまりに

0999 □□	**그래야**	そうして初めて、そうしなければ (〜しない)

1000 □□	**실지로** [실찌로]	実際に 漢実地- 類 실제로

1001 □□	**단**	ただし 漢但

1002 □□	**즉**	すなわち、つまり 漢即 類 바로, 곧

1003 □□	**내지**	ないし、あるいは、または 漢乃至 類 또는, 혹은

1004 □□	**괜히** [괜니]	無駄に、いたずらに、むなしく 類 쓸데없이

1005 □□	**단지**	単に、ただ、わずかに 漢但只

1006 □□	**어쩐지**	何となく、どういうわけか、どうやら 類 왠지, 막연히, 그냥

1007 □□	**어쩌면**	ひょっとしたら、もしかしたら、どうすれば

1008 □□	**어쩌다가**	偶然、ときどき、ときたま

解説 1000 **실지로**は、[실찌로]と発音 (漢字語の濃音化)。**한 일이**は、[한 니리]と発音 (ㄴ挿入)。 1001 **조건이**は、[조꺼니]と発音 (漢字語の濃音化)。 1006 **잘한다 싶었는데**は、**잘하다** (上手だ) に-ㄴ다 **싶다**、-었는데が付いた形。**왔군요**は、[왇꾼뇨]と発音 (ㄴ挿入)。 1007 **생각이 들더라**は、**생각이 들다** (考えが浮かぶ) に-**더라**が付いた形。

네가 하고 싶은 말은 뭔지 **도무지** 모르 겠어.

君が何を言いたいのかまったく 分からない。

내 친구는 **어찌나** 일을 잘하는지 벌써 승진했다.

僕の友達はどれほど仕事ができ るのか、もう昇進した。

공부는 매일 조금씩 하세요. **그래야** 기억 에 남아요.

勉強は毎日少しずつしなさい。 そうして初めて記憶に残ります。

発 **실지로** 그 사람이 한 일이 뭐가 있지?

実際にその人がした仕事は何が あるっけ?

発 **단** 나도 조건이 있으니 들어 주세요.

ただし、私も条件があるので聞 いてください。

내 말은 **즉** 이번이야말로 마지막 기회라 는 거예요.

私が言いたいことは、すなわち、 今回こそ最後の機会だというこ とです。

교장 **내지** 교감 허락이 있어야 휴학할 수 있다.

校長ないし教頭の許可がなけれ ば休学することができない。

물어보지 말아야 할 것을 **괜히** 물어본 것 같네.

聞いてはいけないことを無駄に 聞いたみたいだね。

단지 나는 내 생각을 말했을 뿐이에요.

単に私は自分の考えを言っただ けです。

発
文 **어쩐지** 영어를 잘한다 싶었는데 유학 갔 다 왔군요.

何となく英語が上手だと思った ら、留学してきたんですね。

文 **어쩌면** 나를 싫어하는지도 모르겠다는 생각이 들더라.

ひょっとしたら僕のことが嫌い かもしれないと思ったよ。

저는 **어쩌다가** 그 사람을 도운 것뿐입니 다.

私は偶然、その人を助けただけ です。

81日目 [TR118]

□ 0961 **머무르다** 르變	머무르고	머무르면	머무르니까	머물러서
□ 0962 **매달리다**	매달리고	매달리면	매달리니까	매달려서
□ 0963 **밀리다**	밀리고	밀리면	밀리니까	밀려서
□ 0964 **붐비다**	붐비고	붐비면	붐비니까	붐벼서
□ 0965 **비기다**	비기고	비기면	비기니까	비겨서
□ 0966 **비롯되다**	비롯되고	비롯되면	비롯되니까	비롯돼서
□ 0967 **앞두다**	앞두고	앞두면	앞두니까	앞둬서
□ 0968 **체하다** 하用	체하고	체하면	체하니까	체해서
□ 0969 **타고나다**	타고나고	타고나면	타고나니까	타고나서
□ 0970 **미치다**	미치고	미치면	미치니까	미쳐서
□ 0971 **어긋나다**	어긋나고	어긋나면	어긋나니까	어긋나서
□ 0972 **차지하다** 하用	차지하고	차지하면	차지하니까	차지해서

82日目 [TR119]

□ 0973 **바람직하다** 하用	바람직하고	바람직하면	바람직하니까	바람직해서
□ 0974 **터무니없다**	터무니없고	터무니없으면	터무니없으니까	터무니없어서
□ 0975 **형편없다**	형편없고	형편없으면	형편없으니까	형편없어서
□ 0976 **위태롭다** ㅂ變	위태롭고	위태로우면	위태로우니까	위태로워서
□ 0977 **가난하다** 하用	가난하고	가난하면	가난하니까	가난해서
□ 0978 **메스껍다** ㅂ變	메스껍고	메스꺼우면	메스꺼우니까	메스꺼워서

用言の四つの活用形を掲載しました。活用が正則でない場合は、基本形の横に変則活用の種類をアイコンで示しました (アイコンの見方はP.010参照)。

□ 0979	어지럽다 ㅂ変	어지럽고	어지러우면	어지러우니까	어지러워서
□ 0980	가쁘다 으語幹	가쁘고	가쁘면	가쁘니까	가빠서
□ 0981	그럴듯하다 하用	그럴듯하고	그럴듯하면	그럴듯하니까	그럴듯해서
□ 0982	뻔하다 하用	뻔하고	뻔하면	뻔하니까	뻔해서
□ 0983	새삼스럽다 ㅂ変	새삼스럽고	새삼스러우면	새삼스러우니까	새삼스러워서
□ 0984	쓸데없다	쓸데없고	쓸데없으면	쓸데없으니까	쓸데없어서

83日目 [TR120]

□ 0985	엄청나다	엄청나고	엄청나면	엄청나니까	엄청나서
□ 0986	별다르다 르変	별다르고	별다르면	별다르니까	별달라서
□ 0987	뛰어나다	뛰어나고	뛰어나면	뛰어나니까	뛰어나서
□ 0988	두드러지다	두드러지고	두드러지면	두드러지니까	두드러져서
□ 0989	넉넉하다 하用	넉넉하고	넉넉하면	넉넉하니까	넉넉해서
□ 0990	적합하다 하用	적합하고	적합하면	적합하니까	적합해서
□ 0991	마땅하다 하用	마땅하고	마땅하면	마땅하니까	마땅해서
□ 0992	못지않다	못지않고	못지않으면	못지않으니까	못지않아서
□ 0993	손쉽다 ㅂ変	손쉽고	손쉬우면	손쉬우니까	손쉬워서
□ 0994	웬만하다 하用	웬만하고	웬만하면	웬만하니까	웬만해서
□ 0995	아무렇다 ㅎ変	아무렇고	아무러면	아무러니까	아무래서
□ 0996	사소하다 하用	사소하고	사소하면	사소하니까	사소해서

☐ 0925 **갑**

☐ 0926 **갖가지**

☐ 0927 **몇몇**

☐ 0928 **여럿**

☐ 0929 **대여섯**

☐ 0930 **덩어리**

☐ 0931 **자취**

☐ 0932 **역**

☐ 0933 **차림**

☐ 0934 **향기**

☐ 0935 **물기**

☐ 0936 **거품**

☐ 0937 **사물**

☐ 0938 **매사**

☐ 0939 **위주**

☐ 0940 **장점**

☐ 0941 **단점**

☐ 0942 **웬일**

☐ 0943 **방도**

☐ 0944 **본보기**

☐ 0945 **품²**

☐ 0946 **사연**

☐ 0947 **까닭**

☐ 0948 **별일**

☐ 0949 **거짓**

☐ 0950 **성희롱**

☐ 0951 **폐**

☐ 0952 **흠**

☐ 0953 **야단**

☐ 0954 **엉망**

☐ 0955 **엉터리**

☐ 0956 **난리**

☐ 0957 **꼴**

☐ 0958 **짓**

☐ 0959 **매**

☐ 0960 **티**

☐ 0961 **머무르다**

☐ 0962 **매달리다**

☐ 0963 **밀리다**

☐ 0964 **붐비다**

☐ 0965 **비기다**

☐ 0966 **비롯되다**

次の韓国語の訳を書いてみましょう。分からなかった単語は、前に戻ってもう一度覚えましょう。

□ 0967 앞두다

□ 0968 체하다

□ 0969 타고나다

□ 0970 미치다

□ 0971 어긋나다

□ 0972 차지하다

□ 0973 바람직하다

□ 0974 터무니없다

□ 0975 형편없다

□ 0976 위태롭다

□ 0977 가난하다

□ 0978 메스껍다

□ 0979 어지럽다

□ 0980 가쁘다

□ 0981 그럴듯하다

□ 0982 뻔하다

□ 0983 새삼스럽다

□ 0984 쓸데없다

□ 0985 엄청나다

□ 0986 별다르다

□ 0987 뛰어나다

□ 0988 두드러지다

□ 0989 넉넉하다

□ 0990 적합하다

□ 0991 마땅하다

□ 0992 못지않다

□ 0993 손쉽다

□ 0994 웬만하다

□ 0995 아무렇다

□ 0996 사소하다

□ 0997 도무지

□ 0998 어찌나

□ 0999 그래야

□ 1000 실지로

□ 1001 단

□ 1002 즉

□ 1003 내지

□ 1004 괜히

□ 1005 단지

□ 1006 어쩐지

□ 1007 어쩌면

□ 1008 어쩌다가

□ 0925 小さい箱

□ 0926 いろいろ

□ 0927 いくつか

□ 0928 多数

□ 0929 五つか六つの

□ 0930 塊

□ 0931 痕跡

□ 0932 役

□ 0933 格好

□ 0934 香り

□ 0935 水気

□ 0936 泡

□ 0937 物事

□ 0938 全ての事

□ 0939 中心

□ 0940 長所

□ 0941 短所

□ 0942 どういうこと

□ 0943 方法

□ 0944 手本

□ 0945 手間

□ 0946 事情

□ 0947 理由

□ 0948 変わったこと

□ 0949 うそ

□ 0950 セクハラ

□ 0951 迷惑

□ 0952 欠点

□ 0953 大騒ぎ

□ 0954 めちゃくちゃ

□ 0955 はったり

□ 0956 大騒ぎ

□ 0957 格好

□ 0958 行い

□ 0959 むち

□ 0960 傷

□ 0961 とどまる

□ 0962 しがみつく

□ 0963 滞る

□ 0964 混み合う

□ 0965 肩を並べる

□ 0966 由来する

次の韓国語の訳を書いてみましょう。分からなかった単語は、前に戻ってもう一度覚えましょう。

□ 0967 前にする

□ 0968 胃もたれする

□ 0969 生まれ持つ

□ 0970 及ぼす

□ 0971 食い違う

□ 0972 占める

□ 0973 望ましい

□ 0974 途方もない

□ 0975 甚だ良くない

□ 0976 危うい

□ 0977 貧乏だ

□ 0978 むかむかする

□ 0979 目まいがする

□ 0980 息が苦しい

□ 0981 もっともらしい

□ 0982 分かり切っている

□ 0983 事新しい

□ 0984 要らない

□ 0985 とんでもない

□ 0986 特別だ

□ 0987 優れている

□ 0988 目立っている

□ 0989 十分だ

□ 0990 適している

□ 0991 当然だ

□ 0992 劣らない

□ 0993 たやすい

□ 0994 それなりだ

□ 0995 どうである

□ 0996 ささいだ

□ 0997 まったく

□ 0998 どんなに

□ 0999 そうして初めて

□ 1000 実地に

□ 1001 ただし

□ 1002 すなわち

□ 1003 ないし

□ 1004 無駄に

□ 1005 単に

□ 1006 何となく

□ 1007 ひょっとしたら

□ 1008 偶然

1週目
2週目
3週目
4週目
5週目
6週目
7週目
8週目
9週目
10週目
11週目
12週目

01　何でもいいからパンを5、6個買ってきてくれ。

02　いい香りのする花をもらった。

03　お兄さんなんだから、弟にいい手本を見せなさい。

04　この携帯電話はお年寄りも簡単に使えるのが長所だ。

05　どんな理由でこんなことをするのかまったく分からない。

06　欠点のない人はいませんよ。

07　空港は行き交う人々で混み合っていた。

08　多くの方に迷惑をかけてしまいました。

09　貧乏な生活をしてきた。

10　それなりの知識があれば分かりそうだけど。

11　あの人はとんでもない金持ちなんだって。

12　ずっと元の場所にとどまっています。

13　遅刻しないように走ってきたら、息が苦しい。

14　ささいなことですが、気になったので連絡しました。

15　突然起き上がったら、ちょっと目まいがするよ。

16　夜遅くにたくさん食べたので、翌日の朝胃もたれした。

17　君ならたやすく解ける問題だと思うよ。

18　言葉を少し変えるだけでそれらしく聞こえる。

19　交流は大切だと改めて感じた。

20　入学試験を前に、しっかりと休みを取った。

» 解答は P.308

» 語尾・表現

-나 싶다	～するのかと思う	0948
-단 말이다	～だというわけだ、～だというのだ	0975
-냐?	～するのか？・なのか？	0994
-ㄴ다/-는다 싶다	～すると思う	1006
-더라	～したんだよ・だったんだよ	1007

「チャレンジ」解答

準2級_1週目　P.038-039

01 잔치는 몇 시에 시작할 예정입니까?/예정이에요?
02 형부는 제 남편보다 더 사교적입니다./사교적이에요.
03 초등학생 때 별명이 뭐였어?
04 이 학교에는 유명한 쌍둥이가 있습니다./있어요.
05 사모님, 가방을 들어 드리겠습니다.
06 조상 대대로 이 일을 해 왔습니다./왔어요.
07 선생님 성함이 명단에서 빠졌습니다./빠졌어요.
08 오이를 얇게 썰어 주세요.
09 지금 일하는 회사에는 저와 동갑인 사람이 없습니다./없어요.
10 풍선에 바람을 넣다가 터뜨리고 말았다.
11 청첩장을 보내고 싶으니까 주소를 알려 주세요.
12 소중한 거니까 부수면 안 돼요.
13 지하철역 주변에 젊은이들이 모여 있었습니다./있었어요.
14 소금을 넣으면 잘 저어서 녹이세요.
15 도시락을 데워 주실 수 있습니까?/있어요?
16 옛날에 살았던 동네가 그립습니다./그리워요.
17 개가 열쇠를 삼켜 버렸어요.
18 실수를 해서 기획을 망쳐 버렸습니다./버렸어요.
19 무엇이 운명을 가른 것일까요?
20 이 식재료는 삶는 것보다 튀기는 것이 좋습니다./좋아요.

準2級_2週目　P.062-063

01 그 사람의 속마음을 알고 싶군.
02 기운이 없어 보이는데 무슨 일이 있어?
03 누구 한 명이라도 기뻐해 주면 보람이 있습니다./있어요.
04 한밤중에 큰소리를 치는 건 그만하세요.
05 조사 대상 범위를 넓혔습니다./넓혔어요.
06 에어컨 설정 온도를 낮춰 주실 수 있습니까?/있어요?
07 가방에서 교과서를 꺼내서 책상 위에 올려놓았다.
08 접시를 떨어뜨려서 깨고 말았어요.

09 여기 청소는 대충 해 주면 돼요.
10 하도 어이없어서 말이 안 나왔습니다./나왔어요.
11 추운 걸 핑계로 방에서 안 나온다.
12 메일을 보냈는데 열흘이 지나도 답장이 없다.
13 내일 아침 6시에 깨워 주세요.
14 다 쓴 편지를 접어서 봉투에 넣었다.
15 심심하니까 재미있는 이야기나 해 주세요.
16 대낮부터 술을 마시는 건 정말 즐겁다.
17 공부에 싫증이 나서 나가기로 했다.
18 유독 그 사람만이 성적이 좋았다.
19 가능한 한 최단 시일 내에 발송하겠습니다.
20 번거롭게 해서 정말 죄송합니다.

準2級_3週目　P.086-087

01 대도시 두 개를 잇는 철도를 건설할 예정입니다./예정이에요.
02 안개가 짙게 끼어 있어서 운전하는 게 무섭습니다./무서워요.
03 추위를 안 타는 편이라 서울의 겨울도 괜찮습니다./괜찮아요.
04 휴대폰이 없었던 시절에는 사람과 약속해서 만나는 것이 힘들었어요.
05 그토록 좋아했는데 이제는 싫어졌어요.
06 멀리서 번개가 번쩍이는 걸 봤습니다./봤어요.
07 아이들과 함께 소풍을 나갔습니다./나갔어요.
08 자세를 바로잡고 이야기를 듣기로 했다.
09 우표를 수집하는 것이 제 취미거든요.
10 정확한 결론을 이끌어 내기 위해서는 경험이 필요하다.
11 그 사람이 나에게서 빼앗아 간 것을 되찾아야 한다.
12 그 관광지는 폭포가 유명하대요.
13 오늘은 생일 파티가 있으니까 방을 예쁘게 꾸며야지.
14 소나기가 내리더니 갑자기 멈췄다.
15 이 항구에서 일본에 갈 수도 있습니다./있어요.
16 친구가 여행지에서 선물을 잔뜩 사 왔나.
17 이 빵, 갓 구운 건데 좀 먹어 봐.
18 평상시에는 사람이 많지 않은데 오늘은 **특별한** 날이라서요.

19 즐겁지 않다면 진작에 그만뒀어.
20 못마땅하게 여겨지는 일이 있다면 솔직히 말해 봐.

準2級_4週目　P.110-111

01 위험하니까 인도로 걸으세요.
02 지하철역으로 가려면 이 길이 지름길이야.
03 해가 질 시간이 되면 그림자가 길어지네.
04 거실이 넓은 방을 구하고 있어요.
05 산 꼭대기에서 본 풍경이 참 아름다웠다.
06 광장 한가운데서 혼자 춤을 추었다.
07 이 책은 책장에 꽂아 놓으세요.
08 책을 낸다면 올바른 내용을 쓸 필요가 있습니다./있어요.
09 겉으로 성실한 척하는 것뿐입니다./것뿐이에요.
10 우리집 고양이는 종종 방 구석에서 잡니다./자요.
11 눈을 떠 보니 모르는 천장이 보여서 놀랐다.
12 산타 할아버지는 굴뚝을 통해서 집 안에 들어간다고 합니다./해요.
13 한국에 여행을 가면 온돌이 있는 방에 묵고 싶다.
14 오늘따라 왠지 택시가 안 잡힌다.
15 동네 곳곳에서 그런 소문을 들었어.
16 술에 취해 자는 어른을 업고 걷는 건 힘들다.
17 어둠 속에서 무슨 소리가 나는데 무서워서 보러 가기 싫어.
18 이 근방에는 아무것도 없으니까 시내까지 가죠.
19 다음 달에는 꼭 갚을 테니 돈 꿔 줘.
20 임금을 위해 부하들은 목숨을 바쳤다.

準2級_5週目　P.134-135

01 한여름에 먹는 빙수는 최고죠.
02 편의점에 가서 생수를 사 왔습니다./왔어요.
03 왜 편도 티켓을 샀습니까?/샀어요?
04 사탕이 많이 있으니 가져가세요.
05 여름에는 보리차를 만들어서 냉장고에 넣어 둡니다./둬요.
06 마감이 닥쳐 오는데 아직 아무것도 안 했습니다./했어요.
07 신호등이 바뀌고 자동차들이 서서히 움직이기 시작했다.

08 그 둘은 남인데도 은근히 닮았다.
09 사나운 성격 때문에 친구가 별로 없다.
10 안내는 맡겨 달라더니 믿음직하네.
11 이 역의 대합실은 에어컨이 있어서 겨울에도 춥지 않네요.
12 서울 시내는 지하철이 많아서 건널목이 잘 보이지 않습니다./않아요.
13 식품 매장은 몇 층에 있습니까?/있어요?
14 고양이를 쫓았더니 모르는 장소에 와 버렸습니다./버렸어요.
15 아직 시간이 걸리니까 그 사람 붙잡고 있어 줘.
16 위험하니까 벽에 기대지 마세요.
17 소금을 넣고 골고루 저으면서 간을 조절하세요.
18 멍하니 있는 것도 건강에 좋다고 하죠.
19 놀이터에서 활발하게 놀고 있는 저 아이는 제 조카입니다./조카예요.
20 안주 없이 술을 마시라는 겁니까?/거예요?

準2級_6週目　P.158-159

01 제가 사실 버섯을 못 먹거든요.
02 일본에는 옥수수차가 없지요?
03 동물원에 가면 우리 아이는 바로 사자를 보러 가요.
04 코끼리는 오래 사는 동물이라고 합니다./해요.
05 염소젖 마셔 본 적 있어?
06 이 방에 들어가는 것을 허락해 주시겠습니까?/주시겠어요?
07 언뜻 보였는데 그 만화 좋아해? 나도 그래.
08 명령을 어기고 행동했지만 결과적으로 성공했다.
09 피망을 싫어하는 아이들이 많습니다./많아요.
10 저기요, 여기 상추 좀 주세요.
11 요즘에는 거리에 곰들이 나타나는 일이 많다.
12 지난번 강연에서는 해외에서 전문가를 초청했다.
13 문이 저절로 닫히며 큰 소리가 나서 놀랐습니다./놀랐어요.
14 해물로 만든 요리를 좋아합니다./좋아해요.
15 다른 것에 주력해야 하는 거 아니니?
16 열심히 부탁했지만 냉정하게 거절당했다.
17 손님을 대접하기 위해 비싼 술을 준비했다.

18 부모님을 돌보기 위해 같이 살고 있습니다./있어요.

19 그 사람에게는 굳이 말 안 해도 되지 않을까?

20 틈틈이 영어 단어를 외웁니다./외워요.

準2級_7週目　P.182-183

01 공원에 있는 비둘기에게 식빵을 뜯어서 주었습니다./주었어요.

02 갑자기 고양이가 도로로 튀어나왔다.

03 몸매가 날씬하니까 이런 옷도 어울릴 거야.

04 저는 눈썹은 손을 대지 않았습니다./않았어요.

05 창 밖을 내다보니 눈이 쌓여 있었다.

06 시합 전에 컨디션을 확인해 두었다.

07 모처럼 한국에 왔으니까 한국 요리를 먹어야지.

08 몇 번을 말해도 비켜 주지 않아서 화가 났다.

09 저마다 다른 것을 생각하고 있는 것 같습니다./같아요.

10 그 이야기를 듣자 그는 벌떡 일어섰다.

11 날카로운 칼로 벤 상처는 빨리 낫는다고 합니다./해요.

12 집에 지갑을 놓고 와서 되돌아갔다.

13 우리 회사는 드나드는 사람들이 많다.

14 죄송하지만 되도록 빨리 답장을 주십시오./주세요.

15 대학교를 가려고 오토바이에 올라탔다.

16 이 시장은 처음이니까 좀 둘러보고 올게.

17 높은 빌딩을 계속 올려다보고 있으니까 목이 아픕니다./아파요.

18 발등이 건조해서 로션을 바릅니다./발라요.

19 경찰이 도착하자 범인들은 재빨리 달아났다.

20 긴장해서 침을 몇 번이고 삼켰다.

準2級_8週目　P.206-207

01 명품이 아니어도 좋은 제품들은 많이 있습니다./있어요.

02 매일 아침 다리미질하는 것은 힘들어요.

03 여러 종류를 통틀어 이렇게 부릅니다./불러요.

04 기침을 심하게 하니까 병원에 가는 게 좋아

05 예전에는 청바지를 가끔 입곤 했습니다./했어요.

06 다음 달 공연에서 쓸 의상이 도착했어요.

07 시간은 많이 있으니까 실컷 놀자.

08 이렇게 추운데 왜 반팔을 입어요?

09 나뭇가지가 뻗어 있으니까 조금 자를까요?

10 올해는 벌써 독감이 유행하고 있어?

11 무대에 설 때는 화장을 진하게 합니다./해요.

12 여러 방법을 시도해 보면 진전이 있을지도 모르지.

13 허리띠를 꽉 매니까 좀 아프네요.

14 방 안에는 아무도 없이 텅 비어 있었다.

15 계속 일하다 보니까 몸살이 난 것 같습니다./같아요.

16 산속에는 구불구불한 길이 많습니다./많아요.

17 그 사람이 여기 온 목적은 뚜렷하다.

18 이 반지는 가짜인 것 같습니다./같아요.

19 뉘우치고 싶지 않아서 지금 열심히 하고 있습니다./있어요.

20 이 길을 쭉 가면 목적지에 도착할 겁니다./거예요.

準2級_9週目　P.230-231

01 싱크대를 청소하는 거 잊어버리지 마세요.

02 이 가게는 금연이라서 재떨이가 없습니다./없어요.

03 요즘은 예쁜 필통이 많이 있네.

04 밥 먹을 거니까 탁자 위를 좀 치워.

05 붓을 들고 글을 쓰는 건 참 오랜만이다.

06 이 담요는 오래 썼으니까 새로운 거 살까?

07 자명종을 바닥에 떨어뜨려 부수고 말았다.

08 이 방에는 새파란 커튼이 어울릴 것 같다.

09 배게를 살 때는 시간을 들여 고릅니다./골라요.

10 뚜껑이 열리지 않는데 좀 열어 줄래?

11 수첩에는 스케줄이 많이 적혀 있었다.

12 견본이 있으면 더 많이 팔릴 겁니다./거예요.

13 어른에게도 어려운데 하물며 아이가 이해할 수 있을까?

14 이왕 여기까지 했으니까 끝까지 합시다.

15 멀리 사는 친구에게서 엽서가 왔다.

16 전화로 이야기하는 도중 갑자기 끊겼다.

17 이 주전자는 모양이 독특하네요.

18 그 사람의 이야기는 새빨간 거짓말입니다./거짓말이에요.

19 주어진 조건을 잘 읽고 계산해 봐요.

20 전 회사에 있었을 때 습관이 몸에 배어 있습니다./있어요.

準2級_10週目　P.254-255

01 그런 불리한 조건은 받아들이지 못합니다./못해요.
02 저번에 처음으로 클래식 콘서트에 갔습니다./갔어요.
03 한국의 취업 활동은 일본과는 또 다른가 봅니다./봐요.
04 지금 환율이 안 좋아서 조금 더 기다려 볼게요.
05 시골의 산에 가면 별자리들이 잘 보인다.
06 시계가 멎었으니 고쳐야지.
07 배낭에 주머니가 많이 달려 있다.
08 길이 젖어 있어서 미끄러지기 쉬우니까 조심해.
09 하도 한가해서 연락했는데 지금 뭐 해?
10 계획 도중 여러 가지 문제가 생겨났습니다./생겨났어요.
11 등장인물의 관계가 복잡하게 얽혀 있어서 못 외우겠어.
12 빚은 이걸로 다 갚았습니다./갚았어요.
13 저는 지금까지 학원에 다녀 본 적이 없습니다./없어요.
14 카페에서 영어 과외를 해 주는 사람을 찾고 있습니다./있어요.
15 버스 기사님이 아주 친절해서 기뻤다.
16 하필 오늘 비가 오다니.
17 속은 사람에게는 책임이 없습니다./없어요.
18 산뜻한 코미디 영화가 보고 싶습니다./싶어요.
19 스승님에게는 늘 감사하고 있습니다./있어요.
20 방바닥에 책들이 흩어져 있었다.

準2級_11週目　P.278-279

01 소설을 읽기 전에 줄거리를 찾아봅니다./찾아봐요.
02 속담을 외워도 막상 쓰려고 하니 어렵습니다./어려워요.
03 한국 드라마를 좋아하지만 사극은 별로 안 봅니다./봐요.
04 한국의 사투리도 공부해 보고 싶습니다./싶어요.
05 그 날의 입장객은 무려 10만 명이었다.

06 드라마 대사를 외우는 것은 좋은 학습 방법입니다./방법이에요.
07 평소에 어떤 장르의 음악을 듣습니까?/들어요?
08 한국어의 따옴표는 일본어와 다르네요.
09 의상을 만들기 위해 사이즈를 잴 필요가 있습니다./있어요.
10 잃어버리고 나서 비로소 그 소중함을 깨달았다.
11 그 회사는 폭넓게 여러 사업을 하고 있다.
12 해야 할 말을 미처 전하지 못했다.
13 나에게는 그 사람의 아이디어가 아주 신선했습니다./신선했어요.
14 그 날 본 풍경을 가끔 떠올린다.
15 해외에서 배운 경험을 바탕으로 책을 썼습니다./썼어요.
16 아무리 긁어도 가려운 게 낫지 않는다.
17 성공으로 가는 길은 멀고 험하다.
18 유학을 갈까 말까 망설이고 있습니다./있어요.
19 시간이 걸린다고 해도 기껏해야 한 시간 정도겠지.
20 밤에 느끼한 음식을 먹고 싶지 않습니다./않아요.

準2級_12週目　P.302-303

01 아무거나 좋으니까 빵을 대여섯 개 사다 줘.
02 좋은 향기가 나는 꽃을 받았다.
03 형이니까 동생한테 좋은 본보기를 보여라.
04 이 휴대폰은 노인들도 쉽게 사용할 수 있는 것이 장점이다.
05 무슨 까닭으로 이런 일을 하는지 도무지 모르겠다.
06 흠이 없는 사람은 없습니다./없어요.
07 공항은 오가는 사람들로 붐볐다.
08 많은 분들께 폐를 끼쳐 버렸습니다./버렸어요.
09 가난한 생활을 해 왔다.
10 웬만한 지식이 있으면 알 거 같은데.
11 그 사람은 엄청난 부자라고 해.
12 계속 제자리에 머무르고 있어요.
13 지각하지 않도록 뛰어 왔더니 숨이 가쁘다.
14 사소한 일이지만 궁금해서 연락했습니다./연락했어요.
15 갑자기 일어나니까 좀 어지러워.

16 밤늦게 많이 먹어서 다음 날 아침에 체했다.
17 너라면 손쉽게 풀 수 있는 문제일 거야.
18 말을 조금 바꾸는 것만으로 그럴듯하게 들린다.
19 교류는 중요하다고 새삼스럽게 느꼈다.
20 입학 시험을 앞두고 푹 쉬었다.

言葉遣い

韓国語の言葉遣いの違いは、語尾に多く表れます。
ここでは、語尾に表れた言葉遣いの幾つかについて簡略にまとめました。

うちとけた丁寧形 (ヘヨ体)

うちとけた丁寧形のヘヨ体 (해요体) は、丁寧で柔らかい印象を受ける言葉遣いで、会話でよく使われます。

かしこまった丁寧形 (ハムニダ体)

かしこまった丁寧形のハムニダ体 (합니다体) は、公式的、断定的なニュアンスがある言葉遣いです。平叙文は-ㅂ니다/-습니다で終わり、疑問文には-ㅂ니까?/-습니까?が付きます。ニュースやビジネスなどの改まった席でよく使われ、また普段の会話でも礼儀正しい感じを出したいときに使います。

저는 배철수입니다.	私はペ・チョルスです。
잘 부탁합니다.	よろしくお願いします。

尊敬表現

目上の人と話すときは、通常尊敬の接尾辞-시-/-으시-を用いて敬意を表します。下の例では、ハムニダ体とヘヨ体の中で用いられています (ヘヨ体では-세요/-으세요になります) 。

사장님은 신문을 읽으십니다/읽으세요.
社長は新聞をご覧になっています。

일본에서 오십니까/오세요?
日本からいらっしゃいますか?

어서 들어오십시오/들어오세요.
早くお入りください。

パンマル (ヘ体)

パンマル (ヘ体=해体) とはぞんざいな言葉遣いのこと。日本語の「タメ口」と考えると分かりやすいでしょう。パンマルは同年代や年下に対して使い、目上の人に対して使うのは禁物ですが、母や兄、姉、年の近い先輩など、ごく親しい相手であれば年上や目上の人に対しても使うことがあります。パンマルの基本形は、くだけた丁寧形のヘヨ体から요を取った形です。ただし、指定詞예요/이에요 (〜です) の場合、야/이야 (〜だ) となります。

그래?	そう？
이제 늦었으니까 자.	もう遅いから寝な。
그것은 상식이야.	それは常識だよ。

上記の例文は、丁寧形のヘヨ体であれば、それぞれ그래요、자요、상식이에요となります。

下称形 (ハンダ体)

韓国語には、目上の人が目下の人に、あるいは非常に親しい友人同士で使う、ぞんざいな表現、下称形 (ハンダ体=한다体) というものもあります。下称形は、最もぞんざいな言葉遣いです。例えばパンマルは親やごく親しい先輩などに使うことができますが、目上・年上の人に下称形を使うことはできません。例えば、平叙文では-다、疑問文では-냐や-니で終わり、命令文では-라、勧誘文では-자で終わります (このほかのパターンも幾つかあります)。また、下称形は、日本語の「だ・である体」同様に、日記、随筆、小説など、文章でもよく使われます。

생일 축하한다.	誕生日おめでとう。
지금 몇 살이니?	今何歳だい？
얼른 먹어라.	早く食べろ。

韓国語の基礎2

連体形

連体形とは、名詞を修飾する用言の活用形のことです。
ここでは連体形の作り方をまとめました。

連体形の作り方

공부하는 날 (勉強する日) は、「勉強する」が「日」を修飾しています。日本語では「勉強する」は連体形でも「勉強する」のままですが、韓国語では、基本形공부하다 (勉強する) の語幹공부하に、語尾-는を接続して連体形にします。

一見簡単そうですが、韓国語の連体形は、用言の品詞によって使う語尾に違いがあり、現在、過去、未来の時制によっても語尾を区別しないといけません。品詞、時制ごとに、語尾の違いを見てみましょう。

品詞	現在	過去	未来
動詞	-는	-ㄴ/-은	-ㄹ/-을
形容詞	-ㄴ/-은	-았던/-었던	
指定詞	-ㄴ		
存在詞	-는		

※ -ㄴ/-은、-ㄹ/-을は「パッチムなし／パッチムあり」によって使い分け、-았던/-었던は「陽母音／陰母音」によって使い分けます。

312

では次に、それぞれの品詞に、上の表の語尾を付けた例を見てみましょう。未来の連体形は全て同じなので、現在と過去の連体形さえきちんと区別できればいいわけです。

動詞

		現在	過去	未来
가다	行く	**가는**	**간**	**갈**
먹다	食べる	**먹는**	**먹은**	**먹을**

形容詞

		現在	過去	未来
기쁘다	うれしい	**기쁜**	**기뻤던**	**기쁠**
좋다	いい	**좋은**	**좋았던**	**좋을**
쌀쌀하다	涼しい	**쌀쌀한**	**쌀쌀했던**	**쌀쌀할**

指定詞

		現在	過去	未来
이다	～だ	**인**	**이었던**	**일**
아니다	～ではない	**아닌**	**아니었던**	**아닐**

存在詞

		現在	過去	未来
있다	いる、ある	**있는**	**있었던**	**있을**
없다	いない、ない	**없는**	**없었던**	**없을**

過去連体形の使い分け

上の表では、過去連体形について、動詞の場合は-ㄴ/-은、形容詞の場合は-았던/-었던となっています。しかし実際には、動詞でも-았던/-었던が使われ、さらに全ての用言に-던という連体形もあります。動詞の場合、これらの形は場合によって以下のように使い分けられます。

-ㄴ/-은

単純な過去で、「動作が過去に行われた」ということのみを表し、動作が全て終わっていることを含意しています。また、結果や影響を残すような動作の場合には、その結果や影響も表します。そのため、現在とのつながりが意識されます。

-던

「過去の一定期間に行っていた動作が途中で中断され、現在は行っていない」ことを表します。日本語訳では「～していた」または「～しかけの」と訳すとうまくいくことが多いです。「～しかけの」という訳からも分かるように、-ㄴ/-은と同じく現在とのつながりが少し意識される連体形です。

-았던/-었던

-던の前に過去の-았-/-었-が挟まった形です。過去が挟まっているため、現在とのつながりがなく、結果や影響が現在に残っていないことを含意する点が重要です。「動作が過去に行われた (その結果は残っていない)」ということを表します。

まとめると、このようになります。

읽은 책	読んだ本 (今はもう読み終わっている)
읽던 책	読んでいた本 (さっきまで読んでいて、まだ読み終わっていない)
읽었던 책	読んだ本 (以前読んだ)

ただし、この区別は全ての動詞に存在するものではありません。動詞の性質によって存在しない形があったり、形はあっても他の形との区別がなかったりします。また動詞以外の品詞の場合は、過去連体形にほとんど-았던/-었던のみが使われます。

ハングル・日本語索引

本書の見出し語の索引です。見出し語を ㄱㄴㄷ 順に、メイン訳を五十音順に並べました。数字は掲載番号です。

321

改訂版 hanaの韓国語単語〈中級編〉
ハン検準2級レベル

2020年 2月 1日　初版発行
2023年 10月 11日　改訂版初刷発行

著　者　ミリネ韓国語教室
編　集　鷲澤仁志
校　正　辻仁志
デザイン　木下浩一（アングラウン）
DTP　株式会社秀文社、木下浩一
録　音　Studio 109
印刷・製本　中央精版印刷株式会社

発行人　裵 正烈

発　行　株式会社 HANA
　　　　〒102-0072 東京都千代田区飯田橋 4-9-1
　　　　TEL：03-6909-9380　FAX：03-6909-9388
　　　　E-mail：info@hanapress.com

発行・発売　株式会社インプレス
　　　　〒101-0051 東京都千代田区神田神保町一丁目 105 番地

ISBN978-4-295-40904-5 C0087　ⒸHANA 2023　Printed in Japan